진짜 나를 발견하는 짜릿한 외침

유레카! NLP

한국평생교육원

한국평생교육원은 행복한 성공을 간절히 원하고
구체적으로 상상하며, 열정적으로 재미있게 배우며
긍정적인 비전을 선언하는 이들이 보는 책을 만듭니다

유레카! NLP

초판 1쇄 발행 · 2016년 10월 20일
초판 2쇄 발행 · 2017년 07월 10일

지은이 · 강범구
발행인 · 유광선
발행처 · 한국평생교육원
편 집 · 장운갑
디자인 · 이종헌

주 소 · (대전) 대전광역시 서구 계룡로 624 6층
　　　　　(서울) 서울시 서초구 서초중앙로 41 대성빌딩 4층
전 화 · (대전) 042-533-9333 / (서울) 02-597-2228
팩 스 · (대전) 0505-403-3331 / (서울) 02-597-2229

등록번호 · 제2015-30호
이메일 · klec2228@gmail.com

ISBN 979-11-955855-6-4 (03320)
책값은 책표지 뒤에 있습니다.

이 도서의 국립중앙도서관 출판예정도서목록(CIP)은 서지정보유통지원시스템 홈페이지
(http://seoji.nl.go.kr)와 국가자료공동목록시스템(http://www.nl.go.kr/kolisnet)에서 이
용하실 수 있습니다.(CIP제어번호: CIP2016023458)

진짜 나를 발견하는 짜릿한 외침

유레카! NLP

강범구 지음

한국평생교육원

진정 행복한 삶, 성공적인 삶은 무엇일까? 우리 모두는 성공적인 삶을 살기 위해 노력하며 살지만, 본능적으로 사랑받기를 바라고, 누군가를 사랑하기를 원한다. 나 또한 지금 운영하는 리조트를 기획하고 설계하면서 행복한 삶을 위한 '사랑'을 담으려 노력하고 있다. 저자가 몸담고 있는 분야가 어쩌면 다소 낯설지도 모르겠다. 하지만 궁극적으로 말하고자 하는 것은 아주 쉽다. 진정한 행복은 돈, 명예, 성공 같은 외부적인 요인에서 오는 것이 아니라 결국 자신한테서 나온다는 것을 말이다. 이 책은 독자들이 자신의 진정한 행복을 찾을 수 있도록 도울 것이다. 자신이 원하고 좋아하는 깃을 찾아가는 실천 방법이자 연습 방법을 만날 수 있을 것이다.

윤광준_이뜨랜리조트 회장

느낌이 오면 그 느낌이 머리로 올라가기 전에 행동으로 옮겨야 성공할 확률이 높다. 성공한 사람들의 공통점은 뭔가를 하고 싶다는 욕망이 꿈틀거릴 때 마음을 먹고 마음을 먹은 대로 행동으로 옮겨 성취한 사람들이다. 이 책은 마음먹기에 따라 인생이 혁명적으로 바뀔 수 있다는 상식을 넘어 구체적인 사례와 함께 어떻게 행동해야 되는지를 처방해주고 있어서 일상에서 비상할 수 있는 꿈의 세계가 그저 꿈이 아님을 실증적으로 보여주고 있다. 강범구 대표의 체험적 깨달음을 모든 사람들이 읽어보는 것만으로도 이미 변화의 시작임을 알려주고 싶다.

유영만_지식생태학자, 한양대학교 교수, 『유영만의 생각 읽기』 저자

특별한 사람만이 행복한 성공을 이루는 것은 아니다. 내 안의 잠재능력을 발견하고 제대로 적용한다면 누구나 가능하다. 이 책에서 강범구 대표가 소개하는 쉽고 실용적인 방법들을 통해 당신은 행복한 삶으로 향하는 변화의 시작을 체험할 것이다.

조성희_조성희 마인드 스쿨 대표, 『어둠의 딸, 태양 앞에 서다』 저자

평소 절친한 강범구 강사 닉네임을 만들었다. 발동기! 발전·동기부여·기획력 3부문의 천재다. 그가 쓴 책대로 실천한다면 누구나 성공과 행복의 주인공이 될 것이다.

김진배_대한민국 유머강사 1호, 누적판매 100만 부 베스트셀러 작가

저자를 처음 만나 알게 되고 NLP라는 교육프로그램에 관심이 생겼다. 젊은 친구의 긍정적인 열정과 에너지가 좋았기 때문이다. 저자는 삶을 살아가는 긍정적인 자세와 용기를 실천하고 있었고 그의 강의를 들으면서 어느새 집중하고 있는 나를 발견할 수 있었다. 저자 강범구는 거창한 이론만 내세우기보다는 자신의 변화된 삶을 보여주고 함께 실천하도록 손을 잡아주는 사람이다. 인생은 속도가 아니라 방향이라고 생각한다. 이 책은 행복한 삶을 살고 싶은 모든 이들에게 큰 희망이 되어줄 것이다.

신규영_보나베띠 공덕점 대표, 도와사 와인그룹 대표

사람은 자기 자신을 프로그램할 수 있는 무한한 가능성의 존재로 태어난다.

하지만 수없이 많은 환경들을 받아들이고 나름대로 자기 자신을 프로그램해 가며 자신의 삶을 왜곡시키기도 한다.

NLPNeuro-Linguistic-Programming란 신경 언어를 기반으로 한 프로그램으로 자기 자신이 사용하는 언어를 바꾸어 줌으로써 원하는 자아상으로 프로그램할 수 있다는 것으로, 사람은 바라보는 세상으로 자기 자신을 프로그램하고 있다는 것이다.

예를 들어보자.

"나는 교통 신호를 잘 지키는데 뒤에서 경적을 울리거나 지키지 않는 사람을 보면 기분이 나빠진다."

그러나 NLP를 활용하여 바라보는 세상으로 자기 자신을 중심으로 프로그램을 하게 되면 다음과 같다.

"나는 교통 신호를 잘 지키는 사람이야."

왜 남이 잘못하는 일에 내가 상처를 받아야 하는가?

따라서 프로그램을 다르게 사용하면 자기 자신이 가지고 있는 무한한 능력에 기적을 체험하게 되고 스스로도 감동하게 될 것이다.

가장 쉬운 방법으로 21일 동안 원하는 자아상을 만들기 위해 특정 문구를 적어놓고 계속 되뇌며 다니는 것도 자신을 프로그램하는 좋은 방법이다.

21일은 특정한 메시지가 뇌관까지 들어가 그것이 현실이라고 받아지는 데 걸리는 최소의 시간으로, "나는 내가 좋다, 나는 할 수 있다, 나는 스타 강사이다." 등 긍정적이고 원하는 모습의 상태를 말로 계속하게 되면 힘들거나 스트레스를 받을 때 무의식적으로 "나는 내가 좋다."라는 내면의 언어가 들리게 되고, 그렇게 되면 현재의 상황이 좋아질 것을 바라볼 수 있는 힘을 지니게 된다는 것이다.

이렇게 힘을 지니게 되면 사고가 나거나 일정에 문제가 생길지라도 "아, 정말 좋은 일이 일어나려 봐." 하면서 자기 자신을 성장시킬 수 있게 되는 것이다.

예를 들어 철학관에서 족집게처럼 지난 과거를 맞추어 놀라워하고 있는데 "이번 연도부터는 뭘 해도 대박이야!"라는 이야기를 들었다면 모든 문제가 잘 풀릴 것으로 자기 자신을 프로그램해 가게 된다.

그러나 반대로 "이번 연도가 가장 위기야, 몸 사리고 조심해야 돼."라는 말을 들었다면 자기 자신을 위축시키는 프로그램으로 가게 된다는 것이다.

NLP는 이론을 내세우면 정말 어려운 부분이지만 바로 실생활에 적용하면 너무도 쉽고 빠르게 자기 자신을 만들어갈 뿐만 아니라 타인에게도 지대한 영향을 미칠 수 있다.

부디 본서를 통해 NLP를 이해하고, 빠르게 감정 정복, 경제력 정복, 인간관계 정복, 시간 정복, 건강 정복에 이르기까지 모든 환경이 자기 자신이 원하는 형태로 만들어지게 되기를 기대한다.

누군들 불행하고 싶을까? 그럼에도 불구하고 NLP를 통해 내 자신이 불행한 삶을 살아가도 괜찮다고 프로그램해 왔다는 사실을 알게 되었고, 현재는 정말 큰 만족감과 행복감에 꿈인 듯싶어서 주변 사람들에게 묻고 감동하는 일들이 잦아졌다.

어쭙잖게 운동선수랍시고 사고뭉치에 교통사고를 여덟 차례 이상 당하여 CRPS(복합부위통증증후군)라는 불치병까지 얻어서 삶이 불행으로 끝나는가 싶었지만 자신을 긍정프로그램하기 시작했다. 그러자 새롭고 온전한 삶이 펼쳐졌거니와 스타강사로서의 입지는 물론 짧은 기간에 인지도가 높아지고 이윽고 한 권의 책으로 엮을 수 있게 된 것이다.

어느 날 아들과 함께 횡단보도에 서서 신호를 기다리고 있었다.

옆에 선 남자가 담배를 피우고 있는데 너무 냄새가 나는 것이 싫었지만 그러려니 하고 내색하지 않았지만 잠시 후 담배를 끄려고 길에서 재를 털자마자 아들이 아! 하면서 눈을 비빈다.

담뱃재가 아들의 얼굴에 떨어졌다고 생각된 나는 너무도 화가 나서 그 남자에게 큰 소리를 치며 이야기를 했고 감정이 불거지자 아들은 무섭다고 했지만 안중에도 없고 결국 주먹다짐까지 하게 되었다. 경찰서까지 가게 되고 감정적 대립이 계속되고 있는 상황에서 아들을 놓고 왔다는 것을 알아차리고 깜짝 놀라 택시를 타고 아들이 있던 곳으로 향했다.

그러나 아들은 좀처럼 안정이 되지를 못하고 그 자리에서 계속 울고 있을 뿐이었다. 그 아들의 이름이 내면아이라고 하는 것이다. 그리하여 나는 환경에 의해 피해를 입었다고 생각이 된다면 다른 사람을 욕하기에 앞서 나를 위로해줄 시간이 필요하다고 판단했다.

실제로 아내가 만삭일 때 드라이브 중 신호를 무시하고 돌진한 상대 때문에 사고가 날 뻔하자 흥분한 나는 그 차를 쫓기 시작했다. 그때 아내의 목소리가 들렸다.

"여보, 나 무서워!"

순간 아차 싶었다. 지금 내가 챙겨야 할 사람은 도망간 그 사람이 아닌 내 아내였던 것이다.

한쪽에 차를 세우고 아내에게 괜찮은지 묻고 우리들의 시간을 보낼 수 있었다.

나는 내가 좋다. 그래서 누군가에게 피해를 입으면 나는 나를 먼저 위로하고 괜찮은지 묻는다. 그렇게 나를 사랑하게 되고 나를 우선시하게 되며 생활은 즐거워지고 원하는 것들이 더욱 많아졌으며 삶을 기적으로 만들어가고 있다.

사람은 누구나 자신이 원하는 모습으로 프로그램해 나아갈 수 있다.

나는 한때 93킬로의 과체중이었지만 꾸준한 운동과 식이요법을 통해 25킬로를 감량했다. 물론 이후로도 5킬로를 더 감량해 정말 몸이 건강하고 멋진 강사로서 활동을 하고 싶다는 상상을 해본다. 거짓말처럼 운동이 즐겁고 음식 양을 조절하게 된 것도 기쁨이 아닐 수 없다.

현재는 한남대학교 경영대학원에서 석사과정 중이지만 전문학사 이후 아무것도 이룬 것도 가진 것도 없었던 저자의 삶의 기적들을 이 책에 모두 용해하려 노력했고 독자 여러분들에게도 내 온전한 사고를 전달하고자 했다. 본서의 마인드 프로그램을 대하는 순간 독자 여러분들이 지향하고자 하는 그 모든 것들이 기적으로 이루어질 것이라 확신한다.

| 제3장 | 사람을 변화시키는 강력한 생활 NLP 스킬

| 제5장 | 잠재의식과 상현노트

Neuro
Linguistic
Programming

| 제1장 |

그의 프로그램

그의 프로그램이란

　태초에 세상을 창조하고 운영하는 '그'가 있었다. 그는 사람에게 모든 권한과 힘을 주고 축복하고 사랑했지만 선악과를 먹는 것만큼은 허락하지 않았다. 그리고 그 선악과를 따먹게 되면 정령 죽을 것이라고 강하게 말씀하셨다.

　그럼에도 불구하고 사람은 선과 악을 구분할 수 있게 되면서 자신도 '그'와 같이 될 수 있다고 믿고는 선악과를 따먹고 말았다.

　그리하여 '그'의 말씀대로 사람의 마음속에 자기 자신은 죽어서 없어지고 자신이 정의한 옳고 그름만이 살고 있는 것이다.

　또한 선과 악을 구분하게 된 이후로 의미 없는 옳고 그름을 따지기 시작했고 그로 인해 '그'가 주는 선물조차 알아차리지 못하고 자기 자신조차 사랑하기 힘든 지경에 이르렀다.

....

'그의 프로그램'에서는 '그'가 주는 선물을 알아차리고 무한한 가능성의 공가 활용 그리고 사랑과 풍요를 누릴 수 있는 방법을 보다 구체적이고 상세하게 제시하고 있다.

높은 곳에서 뛰어내리면 떨어지는 것이 당연하듯이 믿거나 말거나 '그의 프로그램'은 현실이며 이를 활용하는 사람은 사랑이 넘치는 기적 같은 삶을 살게 될 것이다.

행복 창조 편

그와의 인터뷰 ― 행복이란

나: 사람들은 대부분 성공하고 싶어 합니다. 이 점을 어떻게 생각하십니까?

그: 사람은 누구나 행복해지고 싶도록 만들어졌지. 그러니 좋아지고 싶은 마음, 성공하고 싶은 마음이 드는 것은 당연한 것이네.

나: 그렇다면 왜 특정 사람들에게만 성공을 허락하셨나요. 성공을 꿈꾸던 수없이 많은 사람들이 힘들어하며 스트레스에 허덕이고 있습니다.

그: 왜 성공을 하고 싶어 하는가?

나: 조금 더 나은 삶, 풍요롭고 여유로운 삶을 살고 싶은 것 아닐까요?

그: 무엇 때문에 풍요롭고 여유롭게 살고 싶어 하는가?

나: 행복하려고 그러는 것이겠죠?

그: 그 행복을 포기하고 사는 것을 멈추면 되네. 그럼 행복하지 않을 이유가 없지 않은가.

나: 그럼 성공을 포기하라는 건가요?

그: 나는 성공을 그렇게 만들지 않았네.

나: ?

그: 성공이란 개인마다 다른 것이네. 그 어느 누구의 성공도 부러워할 필요가 없지. 지금의 행복을 선택하면 누구보다 행복한 자기 자신과 기대했던 것 이상의 환경을 만나게 될 것이네.

그가 창조한 성공은 바로 당신이고, 당신이 행복하면 그 모든 것들은 자연스럽게 따라오는 것이라고 이야기한다. '되면 행복할 것이다.'라가 아니고 '행복하기 때문에 될 것이다.'라가 맞는 말이다.

지금 상황이나 조건에 관계없이
내가 원하는 모습을 생생하게 생각하고
이곳에 정리를 해보자.

나: 그렇다면 지금 현재에 안주해도 성공한다는 말씀이신가요?

그: 그렇다네. 원하는 것을 선택하고 눈앞에 일어나는 일들을 즐기면 되네.

나: 그렇게 쉬운가요? 그럼 김연아(피겨여왕)나 박지성(축구선수)처럼 되기를 선택하면 그렇게 되는 건가요?

그: 그렇다네. 그들도 큰 목표를 선택하고 자신이 하는 일을 열정을 가지고 즐겼을 뿐이네.

나: 그들은 정말 노력을 많이 한 사람으로도 유명합니다. 노력을 해서 얻은 성공이 아닐까요?

그: 하나만 묻겠네. 자네는 어떤 노력을 하면 살을 뺄 수 있는지 알고 있나?

나: 네, 여러 가지를 알고 있습니다.

그: 한 가지만 이야기해 보게.

나: 식사량을 조절하고 꾸준하게 운동을 하면 됩니다.

그: 그런데 사람들은 그 흔하게 하는 노력을 왜 하지 않는 것인가?

나: ?

그: 선택한 목표가 있다면 그 목표를 이루기 위해 일어나는 모든 불편함이나 역경조차도 내가 보낸 선물이니만큼 그저 좋아지는 과정이라 여기고 즐기면 되네.

그와의 인터뷰 — **성공(행복)으로 가는 길**

나: 쉬운 것 같으면서도 어렵습니다.

그: 무엇이 어려운가?

나: 그냥 행복하면 된다고 말씀하셨는데 행복할 일이 없습니다. 원하
는 것을 이루지도 못했는데 행복해할 수는 없지 않나요?

그: 누군가 선물 사진을 보여주며 "만나면 주려고 준비했어, 기대해."
라고 이야기한다면 행복하겠는가? 아니면 아직 받지 못했기에 불
행하겠나?

나: 받을 것을 알고 있다면 당연히 행복하겠죠.

그: 그렇게 원하는 미래의 모습을 상상하고 지금 행복하다고 생각하
면 되네. 모든 것은 자네를 위해 준비한 것이네.

나: 사진을 본 것도 아니고 확신이 없습니다.

그: 상상으로 이미지를 그려보았나? 그것이 내가 줄 수 있는 선물을
보여준 것이네.

그는 미래에도 있고 과거에도 있고 현재에도 있다.

그는 이미 받을 수 있다고 믿고 행복하라고 이야기한다.

상상은 그의 선물이고 그것을 선택했다면 이미 나에게 배송 중이라고 믿어도 좋다.

내가 상상했던 선물의 이미지를 그려보자.

나: 성공한 사람들의 대부분은 고난
과 역경을 이겨낸 사람들입니다.

그: 고난과 역경이라는 것은 무엇인
가? 예를 들어주겠나?

나: 사업에 실패했거나 뜻하지 않
은 사고가 있었거나 불쾌한
일들이 많았던 것이겠죠?

그: 그렇다면 사업에 실패했거나 뜻
하지 않은 사건사고 불쾌한 일
들을 이겨내고 성공했다면 그
들은 그 실패나 뜻하지 않은 사
건사고가 없었다면 성공을 더
빨리 했을 것이라고 생각하나?

나: 그렇지 않을까요?

그: 그 상황으로 인해 더욱 빨리 성공했을 것이라고는 생각해 보지 않았나? 나는 항상 사람들이 원하는 선물을 준다는 것을 기억하게.

나: 그럼 그 힘든 시기를 꼭 지나야만 성공한다는 건가요?

그: 힘든 시기라고 받아들일 이유가 없지 않은가? 믿고 그마저 즐기면 되네. 계속 이야기했듯이 모든 것이 자네를 위해 준비되어 있네.

그의 선물을 있는 그대로 받아들이지 못하는 것은 계속 의미 없는, 옳고 그름을 판단하기 때문이다.

≪나에게 준 선물을 확인하는 방법≫

환경: 과속위반 과태료 청구서

→ 평균 속도를 줄일 때 원하는 것을 확인할 수 있다.

환경: 운전 중 예의 없는 끼어들기를 당했을 때.

→ 양보를 생활화하면 원하는 것을 받을 수 있다.

환경: 주변이 너무 시끄럽다고 느껴질 때

→ 평소 마음의 여유를 가지면 원하는 것을 받을 수 있다.

최근 내가 받은 선물들은 어떤 의미가 있는지 적어보자.

그와의 인터뷰 ─ **성공을 주는 방법**

사례 1

나: 그렇다면 실제로 그 환경에서 선
    물을 받은 사람들이 있나요?

그: 나는 세상 사람들에게 선물을 많
    이 보내 주었네.

나: 예를 들면 어떤 것이 있을까요?

그: 안정적 직장에 돈도 넉넉하게 벌 수 있는 환경을 달라고 했지?

나: 네, 그게 저의 소원이었는데 들어주시지 않았습니다.

그: 소원을 빌고 얼마 안 되어 고급자동차와 접촉사고가 있었지?

나: 네, 그때 급한 일정이 있어서 서두르고 있었던 터라 되는 일이 하
    나도 없으니 짜증이 넘쳐나서 상대 차량과 대판 했었죠. 그런데 그
    것도 직접 보내주셨나요?

그: 내가 보내주었네. 자네가 좋은 자리에서 일할 수 있도록 준비했는데 왜 그렇게 짜증을 내고 싸워서 그 사람에게 안 좋은 인상을 주었는가? 정말 좋은 기회라 준 것이었는데.

나: 아니, 세상에 교통사고에 감사할 사람이 어디에 있습니까? 그건 당연히 짜증나는 상황인 거죠.

그: 교통사고가 짜증나는 상황이라고 누가 알려준 것인가?

나: ?

그: 의미 없는 옳고 그름을 판단하는 것을 멈추게나. 모든 것은 자네를 위해 준비한 것이네.

나: 그럼 좋아진 사례도 있을까요?

그: 당연히 있지.

나: 어떠한 이야기인지 들려주세요.

그: 미국 필라델피아의 한 작은 호
텔에 일하는 종업원이 있었네.
그는 호텔 재벌이 되고 싶어 했
지만 여건은 녹녹치 않았지. 그
래서 내가 선물을 보내주었네.

나: 어떤 선물이었나요?

그: 그날 밖은 비바람이 몰아치는 새벽이었고 마침 이 도시에 큰 행사
로 호텔들은 모두 만원이었네. 그래서 이 친구에게 노부부를 보내
주었지.

나: 방이 없는데 보내주시면 낭패 아닌가요?

그: 그 친구는 없다고 말씀드렸다가 금방 마음을 바꾸어 자기 자신의
방에서 쉴 수 있도록 도와드렸다네.

나: 그게 무슨 선물입니까?

그: 그로부터 2년 후 그 종업원은 뉴욕 왕복승차권이 든 초청장을 받았고 그에 응하여 뉴욕으로 향했지. 그러자 그 노부부는 그를 뉴욕 5번가로 데려가 거대한 호텔을 보여주며 말했네.

"이 호텔은 자네를 위해 지은 것이네. 자네같이 친절한 사람이 호텔을 운영해야 하네." 하면서 그 호텔을 맡겼다네.

나: 그냥 주시지 않고 꼭 그런 환경을 만드시는 이유가 있을까요?

그: 자네 같으면 호텔에서 당연하게 하는 서비스에 만족했다고 호텔을 맡기겠나?

나: …….

그: 그 사람의 이름이 조지 C 볼트지. 월도프 아스토리아 호텔 초대 지배인이 되었고 그는 호텔 재벌이 되었어. 어떠한 환경이든 감사하게 받아들여야 하네. 불편하다고 정의한다면 그건 그저 일어

나는 일상일 뿐이고, 이는 자내가 원하는 삶을 살게 해주려 내가
보낸 선물이라네.

 ....

하나님의 선물을 바로 체험할 수 있는 방법 중 하나가 다이어트이다.

다이어트를 성공했을 때의 이미지와 가슴 벅찬 성취감까지 상상하라. 그리고 가능하다면 몸짱이 되었을 때 입을 옷, 수영복을 구매하고 원하는 운동이 있으면 등록도 해보자. 그럼 어김없이 친구들이 맛집을 가자고 전화가 온다.

'엘리베이터에서 치킨 냄새가 난다, 집에 치킨이 있다. 소고기를 사준다는 사람이 나타난다.'

이런 경험을 한 번쯤은 해봤을 것이다. 마치 나를 시험하는 듯한 느낌까지 든다. 그러나 원하는 것을 선택하면 그것들이 더욱 선명하게 보인다. 선명하게 보인다는 것은 '배가 고프다, 처량하다.'라는 느낌을 주기 위해서가 아니라, '살이 빠지는 느낌, 운동하고 싶은 욕구, 다른 사람들과 구별된 모습의 자신'을 만나게 해주려고 준비한 선물인 것이다.

(자신의 변화를 위한 스킬은 NLP에서 준비되어 있으니 기대해도 좋다.)

'그의 선물'을 받을 준비가 되었는가?

선물을 받기 위해서는 마음을 지키는 방법을 알아야 도움이 될 것이다. 다음 장부터는 마음을 지키는 방법을 실생활에 바로 적용할 수 있도록 아주 이해하기 쉽고 행동하기 쉽게 만들었으며 삶에 적용하여 바로 행복과 즐거움을 찾은 여러분을 보게 될 것이다.

3
그의 정원

* 그의 정원은 무엇이든 현실로 만들어주는 무한한 가능성의 공간
  이다.

그와의 인터뷰 ― 원하는 정원 꾸미기

나: 정원에 무엇이든 심으면 현실
    이 되는 건가요?

그: 정원은 무한한 가능성의 공간
    이라네.

나: 그럼 가꾸는 방법을 알 수 있을
    까요?

그: 평소에 하는 말이나 생각은 정원
    을 가꾸기 시작하지.

나: 살고 싶은 대로 살아지지 않는 건 왜일까요? 노력을 더 안 했기 때문인가요?

그: 정원에는 무엇을 생각하고 어떻게 말하느냐가 더 중요하다네.

나: 원하는 것을 생각하고 말하는 습관이 필요하다는 것이군요?

그: 그렇다네. 나는 이곳을 꿈과 목표가 현실이 될 수 있도록 만들어 두었는데 사람들은 이곳을 쓰레기 처리장으로 생각하는 모양이야. 매일같이 불평불만에 원망과 자기비하를 집어넣고 있지.

나: 그럼 이미 늦은 건가요?

그: 불평불만을 멈추고 감사와 행복을 선택하면 금방 그곳은 선택한 것들을 현실로 만들어 줄 것일세.

나: 싫은 사람들과 환경이 있는데 어
떻게 감사하면서 살 수 있을까요?

그: 대부분 그런 사람들만 있기 때문
에 조금만 다른 모습을 보여주고
그런 환경에서도 감사한다면 사
람들의 마음을 얻을 수 있다네. 그리고 그렇게 얻게 된 사람들 중
에 자네의 꿈을 이루어줄 만한 능력이 있는 사람이 상당히 많다
는 사실을 알게 될 것일세. 기억하게. 모든 환경은 내가 보내준 선
물이라는 것을.

나: ······.

그: 마음이 좋을 때나 나쁠 때나 원하는 것을 생각하고 좋은 마음을
유지하게. 유의해야 할 것은 원하는 것에 매달릴 필요는 없다네.
아무리 사랑해도 매달리면 멀어지는 법, 가장 좋은 때에 원하는
모습으로 나타나게 준비했으니 조바심으로 그 선물을 잃지 않기
를 바라네.

···

　나는 얼마 전 강의를 하러 기분 좋게 출발한 지 15분 만에 고속도로로 진입했다. 그런데 생각해보니 노트북을 가져오지 않아 다시 차를 돌려 집에 도착해 노트북을 챙긴 후 출발했다. 그러나 1시간 20분 거리이지만 당초 2시간 30분 전에 출발했기에 시간은 문제가 되지 않았다.

　'오늘도 얼마나 좋은 일이 있으려고 그런가 하고 모든 게 감사하다.'라고 생각하니 오히려 기분이 좋았다.

　잘못을 했다면 반성은 하되 죄책감에 빠지지 마라. 그것은 자신을 망치고 싶은 사람에게만 도움이 될 뿐이다.

자신에게 일어난 일들을 생각해보자.

그와의 인터뷰 — 현실을 만드는 정원

나: 자신의 목적을 위해서 사람들을 불편하고 힘들게 하면서도 자신의 것을 잘 가지고 가는 사람들을 보면 세상이 원망스럽기도 합니다.

그: 그 사람이 불편하게 하고 힘들게 한다는 것과 그것 때문에 힘들어해야 한다고 누가 알려준 것인가? 원하는 삶에 보내준 선물을 보고 계속해서 불편함을

찾는 이유는 자신이 옳고 그름을 따지려 함이라네. 자신들이 정한 기준에 스스로를 상처 주는 일을 멈추게.

나: 그래도 못된 사람들이 잘사는 모습을 보면 왠지 저렇게 살면 안 되는데 하는 생각이 들어서요.

그: 질문 하나만 하겠네. 사람을 죽인 사람은 의인인가? 악인인가? 자네가 판단해보게.

나: 상황마다 다르겠지만 악한 일을 한 것은 맞는다고 봅니다.

그: 그럼 자네 나라의 전쟁영웅은 악한 일을 했지만 영웅이라 불리는 건가?

나: ?

그: 타인의 잘잘못을 내 정원에 계속 넣는 것은 그런 환경이 또다시 현실이 되거나 싫어하는 모습을 내가 닮게 하기에 충분하다네. 실제로 부모님처럼은 절대 살지 않겠다고 이야기하고 부모님과 똑같은 모습의 자신을 발견하는 사람이 정말 많은 것처럼 말일세. 그렇기에 타인에 대한 불편한 생각은 아무런 도움이 되지 않는다네. 오히려 자신에게 더 해로울 걸세. 그저 자기 자신이 좋아하고 사랑하는 것을 찾고 그것을 선택할 수 있음에 감사하게.

나: 그래도 사랑하고 감사만 하면 손해 보는 것 같아서요

그: 걱정을 멈추고 감사와 사랑이 얼마나 큰 축복인지 떠올려 보게. 얼마나 많은 것을 얻게 되는지 곧 알게 될 걸세.

원하는 것을 생각하고 말하는 것을 습관화해야 한다. 그러면 줄줄이 부정적인 생각들이 떠오를 것이다. 그렇다면 더욱 감사하라. 자신의 선택이 현실이 될 준비를 제대로 하고 있다는 뜻이다.

기억하라! 불편한 것을 바꾸려는 것이 아니라 내가 원하는 것을 생각하는 것이다.

그의 정원을 이렇게 프로그램해 놓은 것은 지구의 질서를 위해서이다. 유명배우와 함께 연애 혹은 결혼하고 싶다는 생각이 든다고 해서 원하는 사람 누구에게나 그것을 허락한다면 그거야말로 불가능한 일 아닐까?

기억하라, 지금 만나고 있는 역경은 나를 멈추게 하려는 것이 아닌 나를 성장시켜 그것을 가지고 누릴 수 있는 능력을 키우게 하기 위함이고 그 역경으로 통해 어설프게 따라오는 사람들을 걸러내려 함이다.

사람들이 의식적, 무의식적으로 생 각하는 모든 생각은 씨앗이 되어 그 의 정원에 들어간다.

그러나 대부분의 사람들은 이 사실을 모르고 있기에 평소에 눈에 보이는 것들에 대한 생각들만 많이 하게 된다. 예를 들자면 다음과 같다.

"아, 왜 이렇게 신호마다 걸리지.", "횡단보도에서 담배를 펴, 예의 없게…….", "사람은 또 왜 이렇게 많아", "안 그래도 복잡한데 지하철에서 물건을 파냐", "저렇게 나쁜 사람이 잘되는 건 불공평해."

이런 사람들은 자신이 원하는 삶의 모습이나 상상이 아닌 원하지 않는 것들만 심고 있는 것이다. 마치 불행해지고 싶어 하는 사람들처럼…….

그의 정원은 감정과 단어에만 집중한다. 마치 뇌가 실제와 상상을 분간하지 못하는 것과 같다.

아주 시큼한 레몬 하나를 꺼내어 들고 껍질을 잘 벗겨서 한입 꽉 깨물어 베어 먹는 생각을 해보자. 이제 반대로 그 생각을 지워버리자. 이미 몸은 신 것에 반응해 입에 침이 고이는 현실을 만들어 주었다. 의식적으로 하는 생각과 말은 이렇게 주문이 된다.

그의 정원 꾸미는 방법

원하는 것을 정하고 오감을 만족시킬 만한 구체적인 상상을 만들어 정원에 심어라.

여행이라고 한다면 원하는 여행지와 날씨, 그곳에서 들려오는 소리와 향기, 느낌까지 생생하게 상상한다.

하지만 날짜는 정하지 말고 본인이 가장 좋을 때에 그곳에 가게 될 것이라고 그냥 믿는 것이다. 날짜를 정해 놓는 순간 본인이 그것에 맞춰 무언가를 하려고 하게 되고 하나하나 생각하다 보면 또 집착과 같

은 불편한 감정이 생기게 될 것이기 때문이다.

의식적으로 그의 정원을 믿고 감사하고, 행복한 일 사랑하는 일만 생각하면 그것은 가장 빠른 시간 내, 가장 적합한 날에 기적같이 이루어지게 된다. '가고 싶다.'라는 마음이 크게 들 때면 기쁜 마음으로 기대하라. 아주 좋은 조건에 원하던 것 이상의 여행을 하게 될 것이다.

운명이나 우연을 기다리는 것이 아니다. 다시 말하지만 자신이 원하는 삶을 선택해 그곳으로 간다는 확신만 있으면 자신의 삶은 자신이 원하는 행복한 일상이 될 것이다.

저자 이야기 — 강남에 멋진 교육실과 생활 NLP의 전국화 열매를 맺다

바쁘게 강의를 하고 다니며 자연스럽게 금전적인 보상도 늘어나기 시작할 무렵 강남에 교육장이 하나 있었으면 하는 바람과 나만의 프로

그램을 가지고 싶다는 생각이 들어 지금의 상황에 감동하고 감사하며 원하는 것을 생생하게 이미지화시켰다.

그렇게 생각한 지 3주나 되었을까? 작은 아버지께서 물어보셨다.

작은 아버지: 요즘 바쁘니?

저자: 네. 일이 많아져서 열심히 다니고 있습니다.

작은 아버지: 강남에 교육실은 있니? 교육은 강남에서 가장 많이 하지?

그 말씀에 내가 사무실을 생각하고 있으니 작은아버지가 물어봐 주시고 자리 하나 마련해 주시려는가 하고 생각했다.

저자: (망설임 없이) 안 그래도 사무실 알아보고 있어요.

작은 아버지: (더욱 망설임 없이) 지금처럼 그냥 다녀.

하지만 이미 생각해놓은 강의실은 머릿속을 계속 맴돌았다. 그러던 어느 날 2년 이상 특강을 나가고 있는 아카데미에서 NLP 특강을 준비하는데, 유독 생생하게 떠오르는 기분 좋은 느낌이 다가왔다. 뭘까? 콧노래를 흥얼거리며 나갈 준비를 하고 나가려는 순간 밖에 비가 온다. 그 사실에 더욱 기분이 좋아졌다.

'이건 분명히 좋은 일이 생기려는 거야.'

고이고이 간직하고 있던 내가 좋아하는 명품 우산을 개봉하는 날.

나는 너무 좋아서 엘리베이터에서부터 우산을 펴고 내려왔다. 우산 하나에 이렇게까지 기분이 좋아지다니 그렇게 1시간 정도를 이동해 선릉역에서 하차했지만 이런 낭패가! 지하철에 우산을 두고 내린 것이다.

7번 출구에 서서 비가 오는 모습을 보며 난 그때 큰 깨달음을 얻을 수 있었다.

'아, 정말 좋아하고 아끼고 소중하다고 생각하는 것도 한순간에 깜박할 수가 있구나. 그러니 지하철에 우산을 놓고 내릴 수 있지.'

그 순간 내 머릿속에 기분 좋은 그림이 그려졌다. 아주 좋은 조건에 강남에서 나만의 강의를 하는 모습이었다.

'그래, 이건 틀림없이 좋은 일이 생기려고 이러는 거야!' 하고 미소를 지으며 빗길을 달려갔다.

비 맞은 머리를 단정하게 하려고 애를 쓰던 중 얼굴에 비비크림을 바르지 않았다는 사실을 알게 되었다. 내 맨 얼굴을 보니 자존감이 지하 3층까지 내려갔다. 할 수 없이 그곳에 일하는 교육담당 팀장님께 비비크림을 빌렸다.

나 : 팀장님, 비비크림 좀 빌릴
　　수 있을까요?

팀장님: 그럼요, 그런데 여자 거라
　　조금 하얀데.

나 : 그래도 지금 제 얼굴보다는
　　괜찮지 않겠습니까.

비비크림을 바른 뒤 거울을 보고
순간 깜짝 놀라고 말았다. 경극을
하는 사람이 앞에 서 있는 것이 아
닌가. 그때부터 내 마음이 점점 더
확신에 차게 되었다.

'뭔가 좋은 일이 일어나려는 것이 분명해!'

　그날 NLP 특강은 성공적으로 끝이 났다. 그리고 피드백은 정말 좋
았지만 특별히 달라진 것은 없었다. 하지만 그때 생각했던 그 긍정적
생각과 행동 방식이 너무나도 내 삶을 기대에 차게 만든다는 사실을
알게 되었고 평소에도 감정이 흔들리는 일이 일어나면 "좋은 일이 있
겠지."라고 이야기하며 지내게 되었다. 그리고 3주 뒤 진행된 특강에서
내 강의를 들으신 강사님의 소개로 멋진 분들과의 모임에도 합류하게
되었다.

　뿐만 아니라 아카데미 교육 사업에 관심이 많으시던 또 한 분이 나
를 궁금해하셨거니와 그분은 이미 내가 실제 상상했던 것보다 훨씬

멋진 강의실을 가지고 계셨다.

　우리 둘은 1시간 정도 이야기를 나누고 함께하기로 결정한 뒤 교육생들을 모집하여 생활 NLP 1기가 시작되었다. 그리고 몇 개월 후 나는 NLP 강의를 하고 토크쇼도 하는 전국 유명강사가 되어 있었고, 책을 내게 되면서 내가 원했던 모습이 대부분 현실이 되었다는 사실에 소름끼치지 않을 수 없었다.

　그리하여 나는 그의 프로그램을 신뢰하기 시작했다.

　원하는 모습도, 원하지 않는 모습도 당신의 생각은 그의 정원에 들어간다. 그리고 그것은 반드시 어떠한 모습으로든 현실이 된다.

정원 활용

　저자는 평범하기 그지없는 삶을 살았고 그냥 삼시세끼 먹고 살 정도의 부족하지 않은 생활을 했다. 따라서 특별히 노력해야만 하는 입장은 아니었던 나의 삶이었지만 강사가 되고 싶다는 생각 하나로 "나는 대한민국 최고의 라이프 코치야."라고 자신 있게 이야기했다.

그리고 2년이 지난 지금 나는 전국을 100번 이상 왕복했으며 비행기까지 타고 다니며 강의를 하는 대한민국 NO.1 강사엔터테인먼트 JG의 대표로서 수많은 강사를 양성하고 또 같이 활동도 하고 있다.

또한 특장점을 가지고 싶어 트라우마 치료의 전문가라고 자부했고 실제로 10분 안에 트라우마를 치료한 사례도 많다.(NLP 과정에서 구체적으로 소개하겠다.)

원하는 것에 집중하라! 그 기도의 씨앗은 정원으로 들어간다.

그로 인해 싹이 자라기 시작하면 크고 굵은 빗방울, 혹은 작렬하는 햇빛에 두려움도 느낄 수 있지만 그것은 나의 성장을 위해 꼭 필요한 자원이라 믿는 것이 중요하다.

확신이 되었다면 다른 소망으로 넘어가자.

그가 기도를 들어 주려고 하는데 계속해서 기도로 주문을 넣으면 어떤 모습으로 현실을 만들어 주어야 할지 매우 난감해한다.

 ···

기도는 생생하게 원하는 것을 하고 또 기도할 것
이 생기면 전에 했던 기도는 짊어지고 가지 않아도
된다. 이미 그는 주문을 접수했기 때문이다.

음식점에서 계속해서 다르게 주문을 하거나 주
문을 바꾼다면 주방장이 아무리 좋은 요리사라 해
도 형편없는 음식이 나올 것이다. 기억하라! 생생하게 원하는 것을 주문했다면 이제 또 다
른 원하는 것을 상상하고 즐기면 되는 것이다.

긍정문을 사용하라

"하지 않으면 안 돼, 뚱뚱해지기 싫어."라고 말하기보다는 "건강해져
야지, 해봐야지, 하고 싶어." 등 말만 바뀌어도 그의 정원은 즉각 긍정
적인 모습들을 현실로 만들 준비를 할 것이다.

4
그의 메시지

그와의 인터뷰 ― **원하는 것을 찾아서**

나: 나는 내가 무엇을 좋아하는지 잘 모르겠고 어떤 삶을 살아야 행복할지 고민이에요.

그: 무엇이든 다 이루어 준다고 하면 가장 해보고 싶은 것이 무엇인가?

나: 연애도 해보고 싶고요. 좋은 차도 가지고 싶어요.

그: 그게 자네가 좋아하는 것들이라네.

나: 그래도 제 상황에서는 허황되고 사치스러운 생각일 뿐이에요.

그: 재미있는 이야기를 하나 해주겠네.

한 젊은이가 있었지. 그의 꿈은 크루즈 세계여행을 하는 것이었다

네. 그는 꿈을 이루기 위해 한
평생을 노력했고 나이가 지긋
이 된 어느 날 티켓을 사들고
크루즈에 올랐다네.

평생을 기다려온 감동적인 순
간 그 안에 준비된 만찬과 시설에 눈물을 흘렸다네. 평생을 모아
놓은 돈을 크루즈 티켓 값으로 사용하여 추가 지출이 어려운 상
황이었지. 그래서 물만 마시며 3일간을 구경만 하고 지내다가 너
무 배가 고파 가장 저렴해 보이는 음식을 주문하고 얼마냐고 묻는
말에 종업원이 대답했지. 그 대답을 듣고 그는 땅바닥에 주저앉고
말았다네.

나: 너무 비싸서였나요?

종업원: "손님, 이곳의 음식과 시
　　　설을 즐기는 모든 것은
　　　티켓 값에 포함되어 있습
　　　니다."

나: 안타깝네요. 그 사실을 모르고 3일이나 굶었다니!

그: 나도 참으로 안타깝다네. 모든 것을 가질 수 있도록 준비해 두었는데 그 생각이 사치라고 하는 사람들을 보면 말일세.

나: ······.

그: 원하는 것을 마음껏 생각하고 누리게. 그리고 기억하게. 모든 것은 자네를 위해 준비가 되어 있다네.

 그는 이미 모든 것의 값을 지불했으니 마음껏 상상하고 즐기라며 이야기한다. 제한을 두는 것은 철저하게 자기 자신이라는 사실도 기억하라고 말이다.

그와의 인터뷰 ― **꿈을 이루는 방법**

나: 그렇지만 환경이 불가능한 것을 어떻게 모른 척할 수 있겠어요.

그: 한 아이의 이야기를 해주겠네. 시대가 유독 어지러웠던 1991년 맨체스터, 사람들은 그 당시 음악을 쓰레기라

고 표현했다네. 그중에서도 최악의 빈곤층만 모여 살아가는 곳이며 범죄가 일상화된 곳, 그러면서 계급 사회인 그곳에 한 아이가 살았다네. 갖은 가정폭력으로 말더듬과 난독증이 생겼고 죽도록 맞아 의식을 잃은 채 바닥에 버려지기까지 했었네.

나: 그런 곳에서 태어나지 않은 것에 감사하네요.

그: 하지만 그 아이는 죽지만 않으면 두려울 것이 없다고 이야기 했었네. 계속되는 폭력 속에서 창고지기, 우유배달부, 신문배달부, 막노동을 해가며 밴드보컬의 꿈을 꾸고 곡을 써 내려갔다네.

나: 꿈이 있다는 것이 그를 살린 거네요.

그: 그렇다네. 그는 상황에 전혀 개의치 않았네. 매일같이 그는 이렇게 이야기했지.

"음악은 항상 긍정적이고 인생이란 항상 멋진 것이다."

결국 그 아이는 영국 밴드 인스파이럴 카펫츠의 보컬 오디션을 보더군. 하지만 탈락시켰다네.

나: 그게 꿈이었던 사람이면 그때 붙었으면 더욱 빨리 성공했을 텐데 아쉽네요.

그: 그가 원했던 삶은 그것보다 더 값진 것이었다네. 그때 나는 그 아이에게 밴드의 로드매니저로 일하게 해주었다네. 그 환경에서도 그는 "인생은 멋진 거야."라며 선물을 차곡차곡 쌓아갔지. 그리고 때가 되어 선물은 차츰 현실이 되었다네.

그 아이가 바로 브릿팝의 황제, 비틀즈의 재림 등 최고의 수식어가 붙은 밴드 오아시스의 보컬 노엘 겔러거일세. 맨체스터 창고에서 일할 당시 썼던 수많은 곡들은 역사상 가장 훌륭한 데뷔 앨범이 되었고 비틀즈도 이보다 더 훌륭한 데뷔 앨범은 없었다는 평을 들었다네. 그 뒤로도 7집까지 통상 7,000만 장의 앨범판매량을 기록했다네.

뿐만 아니지. 사상 최대 규모의 월드투어, 매 앨범 발매 시 모두 1위 기록, 연속으로 싱글 1위를 가장 많이 한 가수(2위 비틀즈)였으며, 브릿 어워드 공로상 수상, 하루 만에 가장 많은 수의 공연 매진, 가장 빨리 팔린 데뷔 앨범, 역대 최고의 영국 음반, 영국 음반 판매량 집계 3위(1위 비틀즈, 2위 퀸.)였지.

게다가 영국인이 가장 사랑하는 음반 1위(2집 MG), 가장 빨리 팔린 앨범(3집 BHN), 가장 많은 인원수를 수용한 역대 최대 유료 야외 공연(25만 명)을 했지.

모든 선물을 멋진 것이라며 받아들인 결과일세. 기억하게. 모든 환경을 선물로 받는다면 자네의 꿈도 모두 현실이 될 것일세.

환경에 상관없이 감사하면 그 뒤로도 무엇이 나를 행복하게 하는지 하나하나 알려줄 것이다. 때로는 결단을 해야 할 일들이 있을 수도 있고 새로운 도전 앞으로 나가게 되는 경우들도 있다. 누군가 이게 좋다더라가 아니라 내가 끌리는 그것을 향해 발걸음을 옮길 때 환경이 변하고 기적 같은 일들이 일어나는 것을 꼭 체험해 보기를 바란다.

5
그의 시간

그의 시간은 과거, 현재, 미래 그 어디에도 있다. 과거를 추억으로 만들어 주기도 하고 죄책감에 발목을 잡기도 한다.

그와의 인터뷰 — 소원이 이루어지는 시간

나: 왜 소원이 바로 바로 안 이루어지는 건가요?

그: 감당할 수 없는 것을 주는 부모는 없을 걸세.

나: 그럼 원하는 것을 다 들어 준다는 것은 사실이 아닌 거네요.

그: 감당할 수 있는 능력이 있다는 것을 깨우치거나 새로이 만들어 낼 수 있는 환경을 보내 줄 걸세. 그 환경들을 감사로 받을 수 있는 준비가 된다면 바로 현실이 될 걸세.

나: 원하는 것을 생각하고 기도만 하면 아무것도 안 하고 감사만 해도 된다는 거죠?

그: 나의 메시지에 반응하면 어떠한 행동도 기대와 감사로 넘쳐날 걸세. 그걸 하게나.

나: 그럼 바로 이루어지는 건가요?

그: 준비가 되었다면…….

그와의 인터뷰 ─ 선물을 주는 시간

나: 그럼 저 페라리 자동차를 선택하겠습니다.

그: 그럼 하나만 묻겠네. 지금 페라리를 주면 보험료, 기름값, 주차장 등을 관리할 수 있겠는가?

나: 거봐요, 불가능하잖아요. 그럼 생각하는 것 자체가 사치인 것이 맞는 거 아닌가요?

그: 선택한 후 주는 선물을 감사로 받게. 그것들까지 모두 다룰 수 있도록 준비했다네. 기억하게. 자네의 모든 선택은 내가 선물로 주려고 미리 보여주었다는 사실을.

설렘을 가지고 일상의 일들을 즐기기만 해도 현실은 만들어진다.

그와의 인터뷰 — **현실이 되는 시간**

나: 그라는 분은 과거에도, 현재에
도, 미래에도 계시는 분이라 들
었습니다. 그럼 저의 미래는 어
떻게 되나요? 어떤 모습인가요?

그: 자네가 선택한 모습으로 살아가
게 될 것일세.

나: 왜 이야기해주시지 않는 건가요?

그: 나는 자네가 기쁨으로 선물을
받아 원하는 곳에서 행복을 누
리는 삶도 보았고, 늘 불평으로
거절해 실망으로 얼룩져 있는
삶도 보았다네.

나: 그럼 제 삶이 하나가 아니라는 것인가요?

그: 그렇다네. 자네는 어떠한 삶을 살아가고 싶은가?

나: 원하는 것을 하면서 살고 싶죠. 그런데 기다리는 것이 너무 힘들
어요.

그: 가장 힘들다고 느낄 때가 좋은 선물이라는 사실을 기억하게.

나: 그런데 의미 없는 시간과 실패의 경험들이 있는 과거는 이미 바꿀 수 없잖아요

그: 나는 자네의 선택에 따라 과거도 바꾸어 줄 수 있다네.

나: 어떻게요?

그: 자네가 선물을 행복으로 받기 시작하면 바로 바뀌기 시작할 것일세.

나: 지금부터 잘하면 지금은 과거가 되어도 좋아진다는 건 알고 있습니다. 제 말씀은 그 이전에 이미 실패했던 과거를 이야기하는 겁니다.

그: 아직도 모르겠는가. 그전의 모든 환경들도 선물이었다는 사실을.

그와의 인터뷰 ― **과거를 바꾸다**

나: 그럼 그 시간 관리를 잘해서 과
거까지 바꾼 사람의 이야기를
들려주세요.

그: 어느 여자아이 이야기네. 그녀는 가난한 환경에서 태어나 9살에
사촌에게 성폭행을 당하고, 14살에 아이를 출산하지만 그 아이는
2주 후 하늘나라고 갔다네. 그 충격으로 가출을 하고 마약 복용
등으로 하루하루를 지옥같이 살아갔었지.

나: 정말 가슴 아픈 이야기네요.

그: 미혼모로서 세상의 곱지 못한 시선 그리고 흑인이라는 이유로 사
람들의 편견도 만만치 않았다네. 하지만 그녀는 나에게 항상 이렇
게 이야기했다네.

"저는 제가 위대해질 운명을 타고 났다는 것을 항상 알고 있습니다."

66

그리고 늘 내가 보낸 선물에 감사하다며 감사 일기를 썼지.

나: 그 상황에서 감사할 일이 어떤 것이 있었을까요?

그: 아침에 일어날 수 있음에 감사하고, 유난히 눈부시고 파란 하늘을 보게 해주셔서 감사하고, 음식을 먹을 수 있음에 감사하고, 얄미운 동료를 보고도 참을 수 있는 참을성이 있음에 감사하고. 책을 읽을 때 그 책을 써준 작가에게 감사했다네.

나: 저렇게 어려운 환경에서도 그렇게 감사로 선물을 받았다니 놀랍네요. 오히려 반성이 됩니다. 그 사람은 자신이 선택한 대로 위대해졌나요?

그: 그 뒤로 많은 사람들에게 그녀의 이야기와 감사일기가 전해지면서 그녀는 눈부신 성공을 거두었다네.

나: 멋지네요. 그분의 성함이 어떻게 되는지 알 수 있을까요?

그: 오프라 윈프리라는 아이일세. 그녀는 세계에서 가장 영향력 있는 100인 중의 한 명으로 미혼모와 편견에 힘들어하는 여성들뿐만 아니라 세상 사람들의 좋은 롤 모델이 되었고 수많은 사람들에게도 긍정적인 영향을 미치고 있다네. 그녀는 과거의 일을 원망하거나 불평하지 않는다는 것을 기억하게. 일어났던 일은 지워질 수 없

으나 그것을 선물로 받든 짐으로 들고 다니든 그것은 언제나 본인
의 선택에 달려 있다네.

나는 코가 상당히 큰 편이어서 혼혈인지 많이들 물어본다.

태어났을 때 간호사가 '이 아이 코 봐.'라고 했다고 해서 고등학교 3
학년까지 별명이 '달려라 코봐.'였다.

그리고 스무 살이 되어 대학생이 되고 별명이 점차 잊혀 갈 때쯤 새
로운 이름의 실내화가 탄생한다. 그 이름 '니코보코.' 코가 점점 더 커
진다는 고모들의 이야기에 이제 '고모들 오지 말라고 해!'라고 이야기
하면 어머니께서는 '니 코 복코라 그래.'라고 말씀하셨다.

하지만 어린 나에게 그 말은 정말 듣기 싫은 이야기였다.

그러던 어느 날 노래방에서 아르바이트를 하는데 프런트에서 손님이 물어보았다.

손님: 넌 어디 사람이니?

나 : (친절하게) 의정부 사람입니다.

손님: 아니 국적!

나 : 저 한국 사람이에요.

손님: 아닌데, 분명히 섞였는데. 토종일 수가 없어 네 얼굴은.

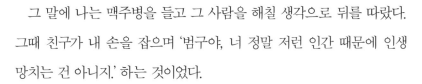

그 말에 나는 맥주병을 들고 그 사람을 해칠 생각으로 뒤를 따랐다. 그때 친구가 내 손을 잡으며 '범구야, 너 정말 저런 인간 때문에 인생 망치는 건 아니지.' 하는 것이었다.

순간 정신이 번쩍 들었다.

'아, 싫어하는 사람 때문에 내 삶이 싫어질 수도 있겠구나.'

그 뒤로 그 일을 그만두고 다른 할 만한 일을 찾기 시작했다. 그렇게 시간이 흘러 나는 레크리에이션 강사가 되었고 동기부여 전문가가 되었다.

어느 날 다문화 가정 아이들과 함께하는 프로그램 진행을 부탁받았다. 초등학생 다문화가정의 아이들로 다들 이목구비가 또렷하니 너무나 사랑스럽고 예뻤다. 2박 3일 동안 시간 가는 줄 모르고 아이들과 함께 많은 추억을 남겼다. 캠프가 끝나갈 무렵 아이들은 나에게 와서 "선생님, 우리 이제 못 만나요? 가지 마세요." 하는 것이었다.

너무 큰 감동이었다. 그런데 그중
키가 작고 통통하며 얼굴이 하얀,
계속 고자질만 하는 한 아이가 있
었다. 그래도 어린아이라 마지막에
안아주려고 생각하고 있었는데 또
"선생님 있잖아요." 하면서 고자질을 하려 하기에 "고자질할 거면 거기
서 있어!" 하고 얘기한 후 다른 아이 한 명 한 명을 안아주었다. 그때
어떤 여자아이가 물어보았다.

꼬마: 선생님, 선생님은 어느 나라 사람이에요?

나 : (조금 당황하긴 했지만 바로 대답했다.) 선생님은 한국 사람이지.

꼬마: 알아요. 엄마는요?

나 : 엄마도 한국 사람인데?

꼬마: (어……. 조금 어색하게.) 그~ 럼 아빠는요?

나 : 약 1.5초간의 고민을 하던 순간이었다.

그 키 작고 통통하던 아이가 큰 소리로 외친다.
"멕시코!"

그러자 아이들은 모두 "멕시코! 멕시코래······." 하면서 사라져갔다.

다시 불러서 "아버지도 한국 분이셔."라고 말하기도 이미 늦은 듯 보였고 지금까지도 그 아이들은 아마 내가 멕시코인 아버지의 다문화 가정으로 알고 있을 것이다.

그렇게 시간이 흐르고 교육 담당자분께서 말씀해주셨다.

"아이들이 어쩜 선생님만 그렇게 좋아해요. 감사드리고요. 좋은 기회로 또 뵐 수 있기를 기대합니다. 2박 3일 동안의 캠프 정말 감사드립니다."

그 말씀에 '내 인상이 괜찮은가 보다.'라는 생각을 하게 되었고 그렇게 좋은 인상을 줄 수 있었기에 나는 강사로서 자리매김을 할 수 있었던 것이 아닌가 싶었다. 그때 문득 어머니의 말씀이 떠올랐다.

"니 코 복코야."

시간이 지나 생각해보면 실수를 했을 때 나는 배웠고 성장한 것 같았다. 아무런 역경이 없을 때는 오히려 내 안의 성장은 하지 않은 것 같다.

그렇다, 실패가 아니라 계속해서 배우는 것이었다. 나도 그렇지만 이 글을 읽는 독자분들도 즐거울 것 같다면 무슨 일이든 해보는 삶을 살기를 기대한다.

'오늘 죽어도 좋다.'라는 생각이 들 정도로 오늘 내가 하는 일에 성취와 즐거움을 선택하는 것, 그것이 내가 행복하게 원하는 것을 이루는 삶이다.

기억하라, 후일 행복하기 위해서 지금을 불행하게 사는 것은 평생 불행하기로 결정하는 것이라는 것을…….

과거의 일들을 정리해보고 그것이 지금 내 삶에
선물이 되는 방법을 찾아보면 도움이 될 듯하다.
소중한 추억으로 인해 '이렇게 좋아졌다.'라고
생각하는 것을 정리해보기를 바란다.

6
그의 경영

어느 날 집 앞에 3명의 노인이 찾아와서 실례가 안 된다면 하루만 묵을 수 있겠느냐고 물었다. 그러자 여주인은 "그럼요, 어서 들어오세요." 하고 친절히 맞이했다.

그때 3명의 노인이 물었다.

"혹시 남편이 지금 집에 있소?" 하고 물었다.

여주인이 아직 퇴근 전이라고 하자 그럼 이따 저녁에 다시 오겠다며 돌아섰다.

그리고 시간이 지나 저녁이 되자 3명의 노인이 다시 찾아왔고 여주인은 어서 들어오라고 했다. 그러자 노인 3명은 '우리 중에 한 사람만 들어갈 수 있다.'며 서로를 소개했다.

"나는 사랑이오."

"나는 행운이오."

"나는 부유함이오."

그 소개를 듣고 여주인은 남편에게 밖에 사랑, 행운, 부유함이라는 분들이 오셔서 한 분만 모실 수 있다고 하는데 누구를 모시는 것이 좋겠느냐고 물었다.

남편은 부유함을 모시자고 했다. 그러자 아내는 행운을 모시는 것이 좋지 않겠느냐고 했다. 그때 옆에서 듣고 있던 딸아이가 서로 사랑하는 것이 가장 중요한 것 같다고 했다. 그리하여 그 가족은 사랑을 집으로 모시기로 했다.

그렇게 결정을 하고 나서 "저희는 사랑을 모시기로 결정했습니다." 하고 이야기하자 사랑 할아버지가 들어오시더니 뒤를 이어 두 할아버지가 같이 들어오시는 것이 아닌가?

이에 "다 같이 들어오시는 건가요?" 하고 물었다. 그러자 그 노인들이 대답했다.

"행운과 부유함은 따로 있지만 사랑을 들이면 저희는 계속 따라가게 되어 있답니다." 하고 대답하는 것이었다.

사랑으로 경영하라. 그럼 행운, 부유함, 건강, 풍요 이 모든 것을 줄 것이다.

나를 사랑하는 것, 나를 위해 용서하고 나를 위해 이해하는 것, 그것은 있는 그대로의 나를 사랑하는 것이다.

그 사랑이면 무엇이든 원하는 것을 현실로 만들 수 있다.

그와의 인터뷰 ― 원하는 직원

나: 사업을 하는 사람으로서 기업이 커지고 좋은 인재들과 함께 하기를 원했는데요. 인재는 늘 부족하네요.

그: 그렇지, 인재는 늘 부족하고 의미 없는 곳에 시간을 보내지.

나: 그럼 어떻게 하면 인재를 알아 볼 수 있을까요?

그: 정원을 다시 한 번 생각해보게. 모자란 부분을 채우려는 것보다 잘하기를 바라는 부분에 칭찬과 사랑으로 대하는 거라네.

나: 그랬으면 좋아질까요? 잘만 해주면 나태해질까 봐요.

그: 자네가 가장 힘들어하는 직원은 누구인가?

나: 그 사람은 창의력도 없고 우리 신문사와는 전혀 어울릴 수 없는 사람인 것 같아 사실 정말 힘듭니다.

그: 그 사람 이름이 뭔가?

나: 월트 디즈니라는 직원입니다.(실제 월트 디즈니는 창의력이 부족하다는 이유로 신문사에서 해고를 당한 경험이 있다.)

그와의 인터뷰 — 돈에 대하여

나: 그럼 보증을 서달라거나 하고 싶은 일을 위해서 대출을 받거나 하는 것은 어떻게 생각하시나요?

그: 여유가 되어 '돈을 그냥 줘도 좋다.' 하는 마음이 든다면 주는 것은 괜찮다네. 하지만 보증이나 무엇인가를 담보로 하고 대출을 하는 것은 자신을 믿는 것이 아니라 돈을 믿는 것이라는 것을 반드시 기억하게.

나: 그럼 하고 싶은 일이 있는데 돈이 없을 때는 어떻게 합니까?

그: 정원에 하고 싶은 일을 심게. 벌써 경험해보지 않았나.

나: 그거면 될까요?

그: 충분하네. 돈은 그저 숫자에 불과하다네. 타인의 시선이나 자신의 집착 때문에 조바심을 내지 않기를 바라네.

7

그가 좋아하는 유머이야기

그는 사람들이 항상 행복하고 즐겁기를 원한다

우리가 행복하고 힘이 넘치는 삶을 위해서는 유머가 필요하다. 사람들을 약 올리고 희롱하는 것은 싫어하지만 자신의 실수담을 가지고도 유머로 만들 수 있다면 그 사람에게는 특별한 상을 주신다. 주변에 사람을 많이 보내줄 뿐만 아니라 원하는 것들도 그와 그 주변 사람들의 영향으로 빠르게 현실이 되는 것이다.

저자 이야기

나는 코가 워낙에 커서 커다란 콤플렉스를 가지고 있었다. 코 이야기를 정말 싫어했지만 지금은 이를 유머로 사용한다. 이국적으로 생긴 이미지 때문에 겪었던 실화들이다.

새벽에 기분 좋게 친구들과 즐거운 시간을 보내고 집으로 향하는 택시 안에서의 일이다.

택시: 혹시 싸우셨어요?

나 : 아니요?

택시: 병원에 가보셔야 할 것 같은데.

나 : 왜요?

택시: 코가 부러진 것 같아요! 많이 부으셨어요.

나 : …… 이거 그냥 제 코예요.

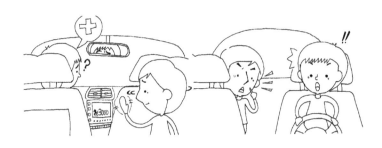

대전에 있는 산에서 '네 안에 잠든 거인을 깨워라.' 동기부여 프로그램을 진행하면서 내려오던 중 살짝 미끄러질 뻔했는데 뒤에서 들려오는 이야기이다.

"Are you Okay?"

뒤를 돌아보니 한국분이셨다.

나도 한국 사람인데 왜 Are you Okay라고 한 걸까? 궁금해서 학생들에게 이야기하니 한결같이 "우린 알겠는데요?" 하는 것이었다.

있는 그대로를 받아들이고 나를 사랑하면 사람들이 하는 놀림도 유머로 받을 수 있는 여유가 생기고 진정으로 원하는 삶으로 가는 데 큰 힘이 되어줄 것이다.

8
그가 준 행복 찾기

그와의 인터뷰 — 명상, 묵상

나: 그럼 내가 행복해할 만한 것을 찾는 쉬운 방법은 무엇일까요?

그: 자기 자신의 내면에서 하는 이야기를 듣는 것이라네.

나: 무슨 말씀이신지.

그: 사람들은 자신을 들여다 볼 여유조차 없이 의미 없는 생각들을 가득 채우고 있다네.

나: 하루하루 바쁘게 살다보니 그렇게 된 거지요.

그: 자기 자신을 돌아보지 않으니 계속해서 바쁘게 되는 것일세.

나: 그럼 어떻게 하면 내면의 이야기를 들을 수 있을까요?

그: 명상이나 묵상으로 자신의 시간을 갖게.

나: 그걸 하면 도움을 받을 수 있을까요?

그: 의미 없는 옳고 그름을 따지고 세상의 짐들을 다 짊어지느라 시간
  을 보내지 말고 자기 자신의 이야기를 들어보게나.

나: …….

그: 어떠한 생각이든 꼬리를 잡지 말고 흘러가게 놔두게. 계속해서 생
  각들에 의미를 부여하고 싶어 하겠지만 그냥 흘려보내게.

나: 그럼 알 수 있나요?

그: 그렇다네.

　자기 자신이 무엇을 잘할 수 있는지 무엇을 좋아하는지도 모르니 계속 지치고 힘들 수밖에 없다고 이야기한다.

　이제 의미 없이 짊어지고 있는 모든 짐들을 내려놓고 자기 자신과의 소통으로 원하는 삶을 살아보는 건 어떨까.

　자신을 누구보다 잘 알아야 하는데 내 내면이 하는 이야기를 듣고 소통을 하는 가장 좋은 방법은 자기 시간을 갖는 것이다. 하루 10분이라도 좋다. 충분히 명상, 묵상을 하고 그냥 나를 받아들이는 시간을 갖는 것이다. 그럼 놀랍게도 아이디어가 나오고 필요한 사람을 만나게 되는 일들이 일어난다.

　그의 프로그램 중 가장 먼저 선행이 되어야 하는 부분이다. 이제 어느 정도 이해가 되었다면 그리고 진정한 자기 자신을 만나고 싶다면 명상 혹은 묵상은 필수인 듯하다.

　명상, 묵상으로 자신의 내면과 연결되면 무한한 나의 가능성이 열린다.

　마치 인터넷이 안 되던 세상에서 인터넷이 연결된 것과 같은 기적 같은 일이 일어난다.

9
그의 치유

    치유가 되려면 용서를 해야 한다고 한다. 가장 먼저는 부모를 용서하는 것이다.

    부모님은 특별하게 잘못한 것이 없다. 그러나 본의 아니게 나의 내면에 상처를 입혀 깊이 뿌리가 내려져 있다는 것이다. 그것을 이해해주지 않으면 계속해서 내면아이의 영향에 휘둘려 사랑하는 부모님 혹은 사랑하는 자녀들에게 또 그와 같은 깊은 상처를 주게 될 수 있다는 것이다. 이 방법은 실제로 효과가 너무 좋아 바로 해보기를 적극 권한다. 부모님께 듣고 싶었던 이야기를 편지형식으로 자기 자신에게 쓰는 것이다.

    예를 들자면 다음과 같다.

예 OO아! 네가 우리의 자녀라는 것이 자랑스럽다. 한때 싸우고 들어온 너에게 위로보다 뭐가 되려고 그러느냐는 아버지의 말이 많이 속상했겠구나. 용서해다오. 아빠도 그때는 잘 몰랐단다. 그럼에도 이렇게 잘 성장해주고 멋지게 살아가 주어서 고맙다. 항상 믿음직스럽고 사랑한다.

이렇게 글로 적어서 거울을 보고 읽거나 가능하다면 가까운 사람에게 읽어 달라고 하는 것도 큰 도움이 된다.

똑같은 글을 계속해서 읽어주면 2분 정도가 지날 때 몸의 긴장이 풀리면서 내면의 아이가 그 음성을 직접적으로 듣고 반응하게 된다. 대부분 눈물을 흘리는데 눈물이 난다면 그냥 눈물이 흐르도록 내버려둘 것을 권한다. 참아 내는 건 내면의 어린아이에게 너무나도 가혹한 일이다.

다음은 어수룩하고 계속해서 실수하는 나에게 말을 거는 것이다.
예를 들자면 다음과 같다.

예 나는 나를 용서해. 나는 부족하지만 괜찮아. 나는 똑같은 실수를 했지만 이런 내 자신을 받아들이고 사랑해.

이처럼 자신에게 이야기하는 습관을 갖는 것이며 거울을 보고 이 또한 5분 이상 진행하는 것을 권한다. 나 자신을 바라보고 싶지 않을 때일수록 지금 보이는 모습은 정말 별로지만 '이런 내 자신을 받아들이고 사랑합니다.'라고 용서하고 수용하기 시작하면 아주 빠르게 나와 환경이 변화되는 것을 경험하게 될 것이다.

그와의 인터뷰에서는 완벽한 것을 추구하지 않는다.

사람은 누구나 부족하고 때로는 원하지 않는 실수도 저지른다. 그저 자기 자신을 소중하게 생각하기를 원하는 것이다. 자기 자신을 좋아하게 되면 좋아하게 될수록, "이런 상황에서 어떻게 너를 인정할 수가 있어. 가식덩어리!"라며 죄의식이 계속해서 나를 건드릴 수 있다. 하지만 이전의 나는 지나갔다. 그러니 용서하고 원하는 것을 선택하고 행복하게 살아도 좋다.

자신을 용서하는 방법

상담을 하다 보면 죄책감이나 원망이 깊은 사람들이 대부분이다. 안타까운 건 이런 사람들의 대부분 건강은 이미 악화되어 가고 있고 주변 사람들이 하나둘씩 떠나가고 있다. 가까운 가족조차 등을 돌릴 판이다.

이런 사람들은 '나는 왜 이래야 하지? 그런데 나를 사랑하라고? 나를 좋아한다고 이야기하라고?' 하며 오히려 나에게 질문해 온다.

이제 여기서 실제 상담내용 하나를 꺼내어 보려 한다.

내담자: 삶이 이러니 나를 좋아하기는 정말 힘이 드네요.

저　자: 나를 좋아하면 어떻게 되나요?

내담자: 거짓말이잖아요. 내가 좋지 않은데 나를 좋아해야 한다는 건.

저　자: 그럼 거짓말 같은 행복을 누리며 나를 좋아하면서 사는 삶은 어떠신가요?

내담자: 그런 생각은 못 해봤네요.

저　자: 선생님(내담자)은 윤리의식과 책임감이 뛰어나신 분이라서 지금 상황에 자신을 사랑하는 것이 거짓이고 죄를 짓는다는 생각을 하시는 듯합니다. 그러나 한 번뿐인 지금이라는 인생에 죄의식을 가지고 나를 질책하는 시간보다 나를 값지고 의미 있는 사람으로 만드는 것이 계속해서 죄를 짓지 않는 가장 좋은 방법이라고 생각하는데 어떻게 생각하세요?

내담자: 그러네요!(조금은 밝아진 표정.)

저 자: 나를 더욱 좋아해 보세요. 선생님은 앞으로 원하는 모든 삶을 이룰 수 있는 엄청난 힘을 가지고 있다는 사실을 아시게 될 겁니다. 환경은 선생님을 성장시키고 건강하게 하기 위해 존재하는 것이지 결코 좌절을 주려고 하는 것이 아님을 알게 되는 순간부터 원하는 환경이 만들어지는 것을 경험하게 될 것입니다. 한번 따라 해보실래요? 나는 내가 좋다.

내담자: 나는 내가 좋다. 나는 내가 좋다. 나는 내가 좋다.(눈물)

몰랐어요. 내가 나를 좋아한다는 말을 하면 안 되는 줄 알았어요.(눈물)

감사합니다. 저 잘해보려고요

며칠 후 그분이 연락을 주셨다.

"강사님, 남편이랑 사이가 좋아졌어요. 사실 상황이 많이 변한 건 아니지만 남편과 아이들과의 대화에 감사할 일들이 있다는 사실을 알게 되니 정말 감사한 하루입니다. 감사드립니다."

마지막으로 주변 사람 모두를 용서하는 것이다.

그러나 다들 서로를 알지 못하기 때문에 때로는 좋지 않은 영향을 줄 수 있다. 그럼에도 불구하고 주변 사람들이 힘들게 하면 '저 사람 덕분에 내가 더욱 성장하는구나. 분명 좋은 일이 있겠구나.' 하고 받아들이면 당신의 정원은 생각하는 대로 현실이 될 것이다. 주변 사람들을 용서하고 오히려 감사하는 것이다.

철저하게 나를 위해서 용서하는 것이고 이렇게 용서 과정을 진행하고 나면 거짓말처럼 속이 후련해지는 것을 느끼게 될 것이다.

이제까지 짊어지고 있던 짐은 벗어 던지고 홀가분한 마음으로 앞으로 함께하기를 기대한다.

그의 프로그램 마무리

그는 세상을 창조하고 프로그램했다

우리가 주목해야 할 대목은 그가 세상을 창조할 때 어떤 것에도 의미를 부여하지 않았다는 것이다. 사람이 사용하는 말이나 행동에도 의미를 부여하지 않았다. 즉 말과 행동 사물들은 그냥 존재할 뿐이다. 그런데 사람들이 옳고 그름을 판단하기에 감정이 들어가는 것이다.

소중하게 생각하는 사람이 실수를 하면 분명 이유가 있었을 것이다. 싫어하던 사람이 실수를 하면 '항상 저렇다.'라며 내 마음을 불편하게 할 것이다.

모두가 자기 입장에서 옳은 일을 주장하며 서로를 겨냥하고 있는 경우가 얼마나 많은가. 소통을 할 때도 나는 좋은 의도를 가지고 이야기했는데 상대방이 오해를 하고 사이가 더욱 안 좋아졌던 경험이 있을 것이라 생각한다.

모든 것은 중립으로 의미가 없다. 절대적으로 의미를 부여하는 것은 나다. 그러기에 모든 것은 서로 의미를 부여하는 것으로 연결이 되어 있으니 모든 사물과 사람들이 전부 나라는 생각을 해본다.

내가 싫어하는 감정을 내 마음에 가지고 있는 것은 그의 프로그램에서 볼 때 온전히 나를 사랑하지 않는 모습인 것이다.

그러기에 필자는 마음에 들지 않는 사람을 보면 '내가 나의 저런 부분을 마음에 안 들어 했구나.' 하며 받아들이고 수용하기 시작했고 결과는 놀라웠다. 마치 이 세상이 나를 위해 모든 것이 준비되어 있는 것 같은 황홀경을 경험하게 된 것이다.

누구나 경험할 수 있다. 하지만 변하지 않는 내 자아의 영향력 또한 만만치 않다. 그래서 우리는 생활에 적용하여 자기 자신을 더욱 사랑하고 받아들일 수 있는, 쉽고 빠른 NLP 스킬들을 공개하고 함께 활용해 가기로 결정했다.

그리하여 같이 활동하는 강사들과 공유하고 나누면서 늘 기적 속에 행복하게 지내고 있다. 이제 이 글을 읽고 기적을 체험하게 될 주인공은 바로 여러분이다.

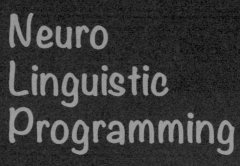

Neuro
Linguistic
Programming

제2장

생활 NLP의 기본전제

생활 NLP란 무엇인가

NLP는 1970년대 중반 미국 캘리포니아 지역에서 UC 산타크루즈캠퍼스의 존 그린더 교수와 리처드 밴들러에 의해 창시되었고 당대의 세계적 가족치료사이자 동참적 가족치료의 창시자였던 버지니아 새티어와 게슈탈트 심리치료의 창시자였던 프리츠 펄스, 그리고 세계적인 학습 및 의사소통 이론가였던 그레고리 베잇슨, 정신과 의사이자 당대 최고의 최면치료사였던 밀턴 에릭슨 박사가 NLP의 이론적 기초를 제공하였다.

필자는 이를 자기계발 종합 선물세트라고 생각했고 이론과 배경을 전하기보다는 실생활에 활용하기 시작했다. 그리하여 그 체험을 통해 다른 사람들에게도 이론이 아닌 생활로 활용하기 쉽게 전하기 시작했다. 그 결과 많은 사람들의 삶에 기적이 일어났고 누구나 쉽게 따라 할 수 있도록 정리한 것이 생활 NLP이다.

생활 NLP의 기본

일체유심조

　모든 것은 마음먹기에 달려 있다는 것을 기본전제와 목적으로 두고 있다.

　일체유심조라고 하면 가장 먼저 떠오르는 것은 원효대사 해골물이다. 실제로 해골 물을 마셔본 적이 있는가? 아마 고개를 갸우뚱할 것이다.

지인의 이야기

　젊었을 때 닭, 오리, 개고기를 전혀 먹지 못했었다.

　그 이유인즉 목장을 하고 있었고 식당을 겸했기 때문에 같이 뛰어놀던 강아지들이 개고기가 되어 상에 오르고 닭 목을 비틀어 요리를 하는 모습을 보았으니 못 먹을 법도 하다.

어느 날 아버지는 딸을 식당으로 불렀고 수북하게 쌓여 있는 고기를 보며 "네 건강을 생각해서 염소를 잡았는데 염소는 괜찮지?" 하고 말씀하시는 아버지의 말에 한입 쏙 넣고 먹었는데 "그 맛이 참 좋았었다."라고 회상했다.

그래서 배가 빵빵해질 때까지 먹었는데 아버지가 갑자기 알 수 없는 미소를 지으시더니 "그거 사실은 개고긴데." 하더라는 것이다.

그 말씀을 듣고 눈물을 흘리며 입에다 손을 넣고 뱉어내려고 했지만 넘어오지는 않았다고 한다.

그리하여 울며불며 집으로 뛰어가 집 문을 열려고 쇠키(그 당시에는 대부분 집에 쇠키로 잠그고 열었음)를 넣고 돌렸는데 키가 똑 하고 부러진 것이다.

그 뒤로 이분은 개고기 마니아가 된다. 개고기를 먹고 갑자기 힘이 세졌다고 믿어버린 것이다.

이 이야기를 들으면 '아, 그러고 보니 나도 마음이 바뀌어 환경이 바뀐 적이 있네?'라고 생각할 수도 있을 것이다.

그렇다, 마음이 편할 때는 모두 용서하고 이해할 수 있다. 그러나 마음이 좋지 않을 때는 친한 사람의 농담도 받아주기가 어려울 때가 있다. 모든 것이 마음에서 비롯된다는 사실을 알고 가면 도움이 될 듯하다.

3
생활 NLP 기본전제와 원리

전제조건이란 NLP를 배우기 이전에 알아야 하는 기본바탕이다.

8가지 전제조건을 사실로 받아들이고 NLP를 배워나간다면 가장 큰 성과를 거둘 수 있을 것이다.

기본 전제 1

지도는 영토가 아니다

지하철에서 오랜만에 앉을 자리가 있어 행복한 마음으로 자리를 잡았다. 1시간은 이동을 해야 하기에 자리가 있는 것이 참으로 감사했던 것이다.

그런데 2정거장이나 지났을까? 지하철 문이 열리고 아이 두 명이 뛰어 들어온다. 물론 소리를 지르며 실내는 금방 소란스러워진다. 그

리고 아버지로 보이는 사람이 자신의 건너편 자리에 앉아서 눈을 감고 있다.

아이들은 다른 사람들의 신발을 밟고, 이어폰을 빼고 온갖 소란을 피우고 있다.

그 상황이라면 어떠한 느낌을 받을 것인가? 아마도 자리를 옮기거나 기분은 썩 좋지 못한 상황일 것이다. 이런 상황에서 '아버지는 뭐 하는 거야.' 하며 아버지로 보이는 사람을 째려 볼 수도 있을 것 같다.

그때 어떤 사람이 얘기했다.

"아이들 때문에 실내에 계신 승객분들이 불편함을 겪고 있습니다."

그러자 아버지로 보이는 사람이 얘기했다.

"지금 애들 엄마가 사고로 목숨을 잃었다는 소식을 듣고 급하게 병원에 가는 길입니다. 저 좀 도와주세요."

이제는 아이들이 어떻게 보이는가? 아버지는 어떻게 보이는가? 보통은 안쓰럽고 가엾다는 생각이 든다. 아마도 마음이 확 바뀌었을 것이다. 그럼 다시 그 아버지로 보이는 사람의 아내가 세상을 떠났다는 이야기가 진실인지 거짓인지는 어떻게 알 수 있을까?

아마 알 수 없을 것이다. 사람은 '그럴 것이다.'라고 생각하는 것에 반응하는 것이지 결코 실체에 반응하는 것이 아니라는 것이다.

그와의 인터뷰에서 나왔듯 실체는 아무런 의미도 없다. 다만 그렇다고 생각하는 지도를 만들어내 그곳에 감정을 넣을 뿐이다. 그래서 우리가 생각하는 모든 것들은 지도이며 얼마든지 긍정적이고 행복한 지도를 만들어 낼 수 있다는 것이다.

사람은 보는 대로 믿는 것이 아니라 믿는 대로 본다.

기본 전제 2

모든 행동은 긍정적 의도에서 나온다

다음은 연인의 대화이다.

남: 여자 친구에게 아무런 •연락도 하지 않고 깜짝 이벤트로 집 앞에 가서 전화로 나오라고 한다.

여: 헤어져.

남자의 긍정적 의도는?
일찍 만나고 싶었고 기분 좋게 해주려고 했다.

여자의 긍정적 의도는?
자신을 더욱 배려해주는 사람이 되기를 바란 것이다.(화장하지 않은 얼굴로 나가기 싫음.)

여: 자기야, 자기가 만났던 여자 친구들 중에 내가 몇 번째로 예뻐?

남: 당연히 자기가 가장 예쁘지.

여: 거짓말하지 마. 진짜로 화 안 낼게. 내가 몇 번째로 예뻐?

남: 진짜로 화 안낼 거야?

여: 음, 진짜로 맹세할게

남: 음, 한 6번째.

여: 헤어져!

남자의 긍정적 의도

사실을 듣고 싶어 하는 것 같아 이야기해준 것뿐이다.

여자의 긍정적 의도

끝까지 내가 가장 예쁘다 해주기를 바란 것이다.

항상 서로에게 긍정적 의도가 있다.

긍정적 의도를 기본적으로 생각하고 지낸다면 모든 환경이나 모든 사람이 내게 도움이 될 수 있다는 사실을 알게 될 것이다.

기본전제 3

선택할 수 있는 것은 그렇지 못한 것보다 바람직하다

리더 독수리가 멋지게 창공을 날고 있었다. 그런데 그때 밑에서 자그마한 독수리 한 마리가 밧줄에 목을 매려고 하고 있는 것이 아닌가.

리더 독수리는 급하게 내려가서 작은 독수리에게 물어보았다. 그러자 작은 독수리가 대답했다.

"세상을 살 이유가 없어졌거든요. 저는 리더 독수리가 되는 것이 꿈인데요. 이 날개에 상처 좀 보세요. 계속해서 실패하는 걸 보니 자질이 없는 것 같아요."

그러자 리더 독수리가 날개를 활짝 펼쳐보였다. 그의 날개는 말로 설명할 수 없을 만큼의 큰 상처들이 가득했다.

리더 독수리가 이야기했다.
"상처가 없는 독수리는 리더가 될 수 없다."

 ....

상처를 많이 받으라는 말이 아니다. 리더 독수리에게 상처는 영광의 표시이고 리더의 증표이다.

생각하는 대로 살지 않으면 사는 대로 생각하게 된다.

선택받기보다는 내가 먼저 선택하는 것이다. '분명히 다칠 거야, 아플 거야, 안될 거야.'라고 이야기하는 내면의 속삭임에서 벗어나 선택해보는 것이다.

그럼 나도 몰랐던 또 다른 나를 발견하게 되는 귀한 시간이 될 것이다.

사람은 물건을 살 때는 자신의 취향대로 골라 선택하고 결정하면서 왜 정작 진정으로 중요한 자신의 꿈과 목표는 타인이 선택해주기를 바라는가.

당신의 꿈은 오직 당신의 선택을 기다리고 있다는 사실을 기억해야 한다.

기본전제 4

당신에게 필요한 자원은 이미 있거나 새로이 창조할 수 있다

① 시드니에서 뮤지컬 주연급 배우로 무대에 서다.

또 사고를 쳤다. 고생을 하게 되면 정신 좀 차리게 될 것이라는 생각에 스스로 고생길을 찾아 시드니(호주)행 비행기에 오른다.

하지만 도착한 곳에서 금방 적응하고 편하고 나태하게 사는 저자는 정말 적응력이 빠르다.

그러나 정신을 차리기 위해 농장이 있는 곳으로 향하는 비행기와

기차표를 예매한다.

시간이 흘러 떠나는 날 당일 새벽, 나는 송별회를 해준다고 하여 술을 마시고 있었고 4시간 후에는 나를 공항으로 데려다줄 택시가 올 예정이었다.

그때 합류하게 된 뮤지컬 작가이자 연출자이신 한 여성분이 주연급 배우가 구해지지 않는다고 얘기를 하기에 솔깃해진 나는 내가 한번 해보면 어떻겠느냐고 했더니 노래만 잘하면 된다는 것이었다.

연기도 중요하지만 뮤지컬이기에 노래가 가장 중요하다고 하는 것이었다. 그러자 옆에 있던 지인들이 '범구, 노래 정말 잘한다.'고 부추겨 그 자리에서 자연스럽게 캐스팅이 되었다.

따라서 콜택시는 취소하고 비행기는 취소할 겨를도 없이 내 티켓 비용은 자연스럽게 날아가고 말았다.

그럼에도 불구하고 새로운 일에 대한 기대는 한껏 부풀어 있었지만 모아놓은 돈이 없어 난감하기 이를 데 없었다. 그러나 궁하면 통한다고 오디션 이후 연습이 본격화되면서 같이 공연을 준비하던 친구의 추천으로 호텔 청소를 하게 되면서 적어도 생활비는 벌 수 있었다.

그렇게 7개월간의 준비가 끝나고 공연은 성황리에 마칠 수 있었고 나는 새로운 목소리와 발성을 가지게 되었다. 이미 나에게는 주연급 배역을 할 수 있는 자원이 있었던 것이다.

② 뮤지컬 극단 단장님께 오디션을 보던 날의 에피소드

단장님, 그리고 노래를 들으러 온 성악가 한 분이 내 노래를 들어보시더니 "이건 노래가 아니다."라며 면전에서 무안을 주었다. 단장님 역시 아주 난감한 표정이었다.

계속해서 노래를 시켜보시고 아쉬움을 감추지 못할 때쯤 다른 성악가 한 분이 오셨는데 그분은 내 노래를 가만히 들어보시더니 성대로 소리를 가지고 놀 수 있는 능력이 대단하다며 어떻게 그렇게 할 수 있는지 모르겠다고 오히려 칭찬을 해주셨다.

나는 그 말에 힘을 얻었고 알려 주시는 대로 배의 힘으로(복식) 소리를 내는 연습을 시작했다. 그러자 나도 깜짝 놀랐다. 그런 발성이 나올 것이라고는 생각도 하지 못했는데 정말 좋은 선생님을 만난 듯했다. 그리하여 연습은 본격적으로 시작되었고 목소리 톤부터 바꾸라며 단장님은 매까지 들으셨다.

평소에 헬륨 먹은 목소리라는 이야기를 종종 듣는데 그 목소리가 나올 때마다 따끔따끔 한 대씩 사랑의 매를 들어주셨고 그로 인해 목소리 톤까지 완전히 바뀌게 되었다. 역시 난 맞으면서 해야 하는 타입인가?

그렇게 공연 준비를 한 뒤 이윽고 공연은 성황리에 마무리가 되었다. 더불어 앙코르 공연이 들어와 세계 3대 미항 중 한 곳인 달링하버에서까지 공연을 하게 되었다.

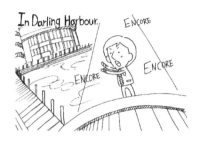

 ....

　비행기 표까지 버리면서 선택한 나의 대담함은 능력이 아닌 단지 하고 싶은 마음의 선택인 것이었다. 이후 나는 알게 되었다. 아주 어릴 적부터 하고 싶은 일에 도전했을 때 그것은 나에게 추억이 되고 좋은 밑거름이 된다는 사실을. 아울러 또 다른 나의 다른 모습(능력)을 알게 해준다는 사실을 알기에 이후로도 선택하고 즐길 것이다.

　분명히 또 다른 힘 있는 나를 만나게 될 것을 알기에…….

기본전제 5

정신과 육체는 하나의 체계이다

① '심장이 사람의 기억을 가지고 있다.'라는 사실이 SBS 스페셜에 방송된 것
　을 본 적이 있다.

일과 사업에만 관심이 있었던 빌은 어느 날 심장마비로 급하게 심장 이식수술을 받게 되었고 새로운 삶을 살게 되었다.

그는 이후 철인3종 경기에서 우수한 성적을 거두었고 획득한 메달 개수만도 100개가 넘었다.

그러자 식성도 건강한 식단으로 바뀌게 되었다.

어느 날, 하드 록을 즐겨듣던 빌은 출근길에 샤데이라는 가수가 부른 키스오브라이프라는 곡을 듣고 눈물이 흐른다.

식성은 물론 노래도 좋아하는 가수를 닮아가는 가수도 빌이었고, 그는 왜 이런 일이 일어났는지 궁금해했다.

그는 이후 많은 시간을 공들여 장기 기증자를 확인하게 되었고 이 때 아주 놀라운 사실을 알게 되었다.

심장기증자는 할리우드 스턴트맨이 었고 그가 살아 있을 때는 방에 샤데이 라는 가수의 브로마이드가 붙어 있었 을 정도로 마니아였다는 사실이다.

② 또 하나의 사례 — 9살 정도 된 여자아이의 심장이식 이후

여자아이는 심장이식을 받은 후 계속되는 악몽에 시달리자 그녀의 부모는 심장 기증자를 확인하게 된다.

그러자 놀랍게도 어느 살해당한 아이의 심장을 기증받은 것이었고, 더욱 놀라운 것은 그 여자아이의 꿈에 나오는 장면이 그 살해현장과 일치한다는 사실이었다.

그 아이의 꿈이 신빙성이 있다고 생각한 경찰은 그 사건을 재수사했고 실제 범인을 검거할 수 있게 된다.

그 외에도 다양한 사례들이 있다.

사람의 신체는 기억도 담을 수 있고 말이나 감정에도 반응한다는 사실이 과학적으로 밝혀지는 귀한 사례들이다.

보기 싫은 것을 생각하면 눈에 질환이 생기거나 시력이 나빠진다. 급격하게 시력이 떨어질 때 안과에 가면 '스트레스를 많이 받으시나 봐요.'라고 이야기하는 것만 봐도 당연한 이야기일 것이다.

듣기 싫은 이야기를 계속 들어야 한다고 생각하면 귀에 질환이 생기고 환경을 받아들이지 못하면 피부 트러블이 생긴다.

'모든 것을 완벽하게 하고 싶다.'라는 생각에 스트레스는 두통을 유발하며, 화가 다스려지지 않는 사람은 간이 안 좋고 두려움을 품고 있는 사람이 위가 안 좋다고 한다.

그리고 부모님의 양육 방식에 원망이 남아 있는 사람들은 다리가 유난히 두껍다고 한다.

그렇다면 복부 비만도 이유가 있을까? 많은 분들이 궁금해하는 뱃살은 어떤 유형의 스트레스로 쌓이는가? 다 알고 있겠지만 많이 먹어서 찌는 것이다.

다른 이유가 있겠는가? 그런데 자꾸 담아두는 스트레스는 변비도 만들거니와 건강을 위해 음식을 먹는 것이 아니라 스트레스를 해소하기 위해 먹기도 한다. 따라서 자기 자신을 받아들이고 사랑하는 것, 그것이 뱃살을 빼는 가장 빠르고 건강한 길이다

스트레스를 해결하는 방법은 보기 싫어하는 내 모습도 그대로 받아들이고, '나는 내가 좋다, 나는 나를 사랑한다, 듣기 싫은 이야기를 들어도 그것은 나에게 좋은 자원이 될 것이고 나는 나를 사랑한다.'라고 되뇌어 보자. 이것은 원망의 끈을 희망의 끈으로 바꾸어 매는 것이다. 한결 가벼워지고 건강해지는 나를 발견할 수 있을 것이다.

변화의 예 — 박현정 강사님의 이야기

강범구 강사님, 안녕하세요.

3년 전 스트레스와 과로로 녹내장 진단을 받은 후 독한 약의 후유증으로 식사를 거의 하지 못하는 상황이 반복되다 보니 짜증스러운 생활의 연속이었습니다.

얼마 지나지 않아 다시 급성 신우신염으로 입원치료를 받았고 특발성, 간질성 방광염으로 두 달에 한 번은 입원해서 항생제 링거를 맞아야 생활이 가능한 상태였으며 목 밑으로 마비증세가 왔고 또 한 번의 오른쪽 마비를 겪은 뒤에는 심한 우울증까지 겹쳐 무엇을 어떻게 해야 할지 막막한 상태로 지내왔던 저였습니다.

이루어 놓은 것도 없이 나빠지기만 하는 상황들에 지쳐가고 모든 걸 포기하고 싶었습니다. 그러던 중 작년 NLP 기본 과정을 접하고 신선한 충격에 빠졌습니다. 잠재의식의 힘으로 건강해질 수 있다는 강범구 강사님의 강의!

열정적인 그 모습에 이끌려 저도 건강한 모습을 찾고 싶다는 마음으로 강범구 강사님의 NLP 전문가 과정을 듣게 되었습니다.

병원 진료 시 녹내장 약을 먹지 않으면 안압이 높아져 실명까지 할 수 있다는 의사 선생님의 얘기가 머릿속을 빙빙 돌았지만 원하는 형태의 언어를 사용하며 건강해진 제 모습을 상상하면 건강해질 수 있다는 강범구 강사님의 말씀을 그대로 해온 지 일 년 가까이 되어가는 요즘, 일회용 렌즈를 착용하고 강의를 다니고 있습니다.

물론 약은 먹지 않아도 될 만큼 좋아졌고 그 상태로 건강을 유지하고 있습니다.

NLP 첫 번째 코치과정을 마칠 때쯤 온몸에 도장 부스럼과 대상포진이 시작되었으나 배운 대로 잠재의식이 저를 치료해 줄 것이란 믿음으로 제가 하고자 하는 일에 집중했고 한 달 남짓 후엔 거짓말처럼 온몸이 깨끗해졌습니다.

강범구 강사님의 앵커링(이미지, 향기, 음악 등에 무의식적으로 반응하는 행동.)으로 건강과 또 다른 꿈을 위해 달려가는 제 모습에 저와 저희 가족들이 행복합니다.

저처럼 힘들어하는 사람들에게 선의의 영향력을 전달하고 싶은 마음으로 프랙티셔너 과정을 마치고 마스터 프랙티셔너 자격과정을 듣게 되었습니다.

요즘 너무 건강하고 행복해 보인다는 이야길 자주 듣게 됩니다. 만약 작년 여름에 강범구 강사님을 만나지 못했다면? 계속 병원에 들락날락거리며 NLP 강사로서의 꿈도 이룰 수 없지 않았을까? 혹 우연의 일치였을 것이라며 말하는 사람들이 있겠지만 저는 확신합니다. 잠재의식은 모든 것을 긍정적으로 바꿀 수 있는 열쇠라고…… 저에게 건강한 행복과 새로운 길을 열어주신 강범구 강사님께 거듭 감사드립니다.

박현정 강사님은 사람에 대한 원망이 너무나도 컸고 자신을 사랑할 수 있는 여건이 아니었는지도 모른다. 하지만 내면에는 좋아지고 싶은 욕구가 있었고 그 방법을 찾던 중 내 강의와 만나게 된 것이다. 본인의 삶의 변화로 다른 사람들에게까지 긍정적이고 힘 있는 강의를 하고 싶다던 강사님은 지금 수많은 사람들에게 희망과 용기를 주고 계신다.

어딘가 몸의 통증이 시작되면 누구보다 먼저 그 통증의 긍정적 의도를 찾고 본인 스스로를 더욱 아끼고 사랑하시는 분이어서 같이 활동하는 사람으로서 도움이 많이 되고 배울 것이 참 많은 분이다. 다른 사람들보다 더욱 많은 상처가 있었지만 그에 동반되던 통증들은 대부분 사라졌으며 지금은 오히려 한 번씩 찾아오는 불편한 마음이나 통증이 오히려 더욱 건강해질 수 있다고 좋아하시는, 내공이 대단하신 분이다.

의사소통은 상대방의 반응에 의해 결정된다

① 70대의 노부부의 이야기가 소통프로그램에 실렸다.

내용은 할머니는 더 이상 무시당하면서 살고 싶지 않다고 말씀하신다. 도대체 무슨 일이 있었던 것일까?

할머니는 닭고기 중 닭가슴살을 좋아하신다. 그런데 할아버지가 단한 번도 양보를 안 한다는 것이다. 그리고는 자신이 싫어하는 닭다리를 먹으라고 준다는 것이다. 50년을 훌쩍 넘게 살아온 이 부부 그 오랜 시간 속상했을 만하다.

그런데 할아버지가 눈물을 흘리시며 '난 닭다리가 가장 좋은데.' 하고 이야기하시는 것이 아닌가!

할아버지는 자신이 가장 좋아하는 것을 항상 할머니에게 주고 자신은 좋아하지도 않는 퍽퍽 살을 드시며 살아오신 것이다. 사람들은 내가 가장 좋아하는 것을 상대방에게 주는 것이 소통이라고 생각하지만 소통은 상대방과 함께 하는 것이다.

서로 좋아하는 것이 무엇인지 이야기를 했다면 50년 넘게 서로 원하는 것을 드셨을 것을……. 왠지 가슴이 아픈 이야기이다.

② 나의 에피소드-아내와의 신혼생활

우리는 신혼 초반에 금전적으로 상당히 어려웠었다. 빚은 줄기는커녕 계속 늘어나기만 했다.

그러던 어느 날 신혼집인 우리 원룸에 빨간색 경고지가 붙기 시작했

다. 전기와 수도를 끊겠다는 통보였다. 월세도 못 내고 전기 수도세도 못 내고 참 안타까운 환경이었다.

그런데 아내가 갑자기 그 빨간색 경고지를 사진으로 찍는 것이 아닌가! 저것을 SNS에라도 올린다면 무척이나 부끄럽고 수치스러울 것 같았다. 그래서 아내에게 물어보았다.

나 : 그거 왜 찍어?

아내: 아, 이거 당신이 앞으로 스타강사가 될 것인데 처음부터 좋은 조
건에서 시작한 게 아니라고 사람들이 알았으면 해서.

나 : 당신, 정말 최고다. 사랑해!

③ 나의 에피소드 — 아들이 다쳤다.

차를 주차하고 차에서 내렸다. 아내는 아들과 함께 내리려고 한다.

나는 기지개를 펴며 차 옆에 서 있었고 아내는 아들을 먼저 내려주고 자신은 무엇인가를 가지고 내리려고 차로 몸을 돌렸다.

그때 아들이 넘어져서 코와 입술은 물론 얼굴이 퉁퉁 부었다.

그것을 보는 순간 마음이 많이 아팠고 아내에게 화가 나려 했다. 하지만 그것은 누구의 잘못도 아니라는 사실이고 그저 아들이 다친 것

뿐이다. 아내 역시 속이 상했을 것이다.

그리하여 나는 아내를 위로하기로 했고 오히
려 아들에게 좋은 모습을 보여주게 된 귀한 시간
이었다.

 ....

말을 하지 않아도 통하는 사람이 있다면 그것이 가장 좋은 소통일 것이다. 그러나 대부
분은 말을 해야 알 수 있다. 싫은 것이 어떤 것인지 알려주는 것보다 더욱 중요한 것은 그럴
때에는 어떻게 해주는 것이 좋은지를 알려주는 것이 중요하다. 그냥 투덜거리는 것은 누구
도 싫어하게 만드는 방법일 것이다.

사람과의 행복한 소통 방법은 그 사람들에게 응원과 지지만 해주는 것이다. 때로는 틀
린 것 같은 결정을 할 때에도 응원해 주는 것이다. 그럴 때 사람의 마음을 얻을 수 있다.

그리고 틀린 것 같은 것은 내가 만들어낸 지도일 뿐 그 사람은 다른 지도로 행복한 길
위에 서 있는 것이다. 사람은 누구나 부족함이 있다. 인정하고 응원하라. 그것이 상대방을
얻는 소통 방법이다.

사람은 다섯 가지 감각을 통해 모든 정보를 처리한다

① 바다여행

에메랄드 빛 푸른 바다와 하얗게 부서지는 파도, 적당히 시원한 바람, 그리고 짭조름한 바다 냄새.

눈부시게 따뜻한 햇살. 아이들이 깔깔거리며 뛰노는 소리에 입가에 저절로 미소가 지어진다.

회 한 접시, 시큼한 초고추장에 한 입!

포근하고 따뜻한 방에서 도란도란 기분 좋은 이야기들!

....

여행이야기를 읽으며 이 이야기에서 느낄 수 있는 것을 간접적으로 느꼈을 것이다.
사람은 시각, 청각, 촉각, 미각, 후각 이 다섯 가지로 프로그램된다.

② 강범구 강사가 좋아하는 오감만족 미래 앵커링

잠실 종합운동장만한 공간에 만 명 이상 되는 사람들이 자리를 가득 메우고 있고 밝은 얼굴로 강범구 강사가 나오기를 기다리고 있다. 사람들의 열정 때문인지 다소 덥게 느껴지지만 사람들의 표정은 기대와 즐거움으로 가득 차 있다.

웅성웅성하는 소리, 그리고 어떤 사람들은 긍정적인 노래를 만들어 부르고 있다.

무대 뒤에서 앞쪽으로 계단이 5개가 있어 걸어 올라간다. 이내 수많은 사람들이 나를 주목하고 함성을 지른다.

공기는 초여름이라 풀냄새와 빨간 저녁노을이 알 수 없는 묘한 설렘

을 만들어낸다.

이것은 내가 생각해놓은 장면이다. 놀랍게도 실제 일어난 상황이 아님에도 가슴 벅찬 감동이 느껴진다.

생생하게 생각하라는 것은 5감이 만족할 수 있도록 환경을 만드는 것이다.

사랑하는 사람과 먹었던 달콤한 음식과 입맞춤, 약간은 쌀쌀한 날씨에 야경을 보며 서로에 대해서 이야기했던 무수한 시간!

여러분도 이 글을 읽으면 아마 떠오르는 사람이 있거나 감정이 있을 것이다.

그렇다, 오감을 느끼게 하는 말로 얼마든지 감동을 줄 수 있고 변화도 시킬 수 있다.

전제조건 8

실패란 없다 다만 배움이 있을 뿐이다

불치병

한참 자리를 잡아가고 행복함을 느끼며 하루하루를 보내던 중 몸에 이상이 찾아왔고 끔찍한 통증에 아무것도 할 수 없었던 시간이 있었다. 몇 일간 고생을 하다가 좋아질 기미가 보이지를 않아 큰 병원으로 향했고 생각지도 못했던 불치병CRPS을 진단받게 된다.

아내는 눈물을 흘리며 자신도 일을 하고 가정을 돕겠다고 나서고 나 또한 눈물이 흐른다.

CRPS란

복합부위 통증 증후군

외상 후 특정 부위에 발생하는 매우 드물지만 만성적으로 지속되는 신경병성 통증을 말한다. 통증은 손상의 정도에서 기대되는 것보다 훨씬 더 강하게 발생하며 해당 손상이 해결되거나 사라졌음에도 지속되는 특징이 있다.

통증수치가 출산 고통의 10배 이상인 불치병이다.

6년 전 웃음치료를 시작한 지 얼마 안 되어 암에서 회복된 사람들이 웃음치료사로서 성공하는 모습을 보면서 나도 한때는 '불치병에 걸리거나 암이라도 걸렸으면 좋겠다고 생각하며 탄고기를 열심히 먹던 철없는 시절이 있었다. 어쩌면 이때에 정원에 불치병의 씨앗을 심었는지도 모르겠다.

하지만 나는 너무나도 건강했고 웃음치료사로서 크게 빛을 보지 못했던 시절의 이미지가 떠오르면서 스타강사가 되기 위해서는 반드시 필요한 일이 일어났다며 나는 그저 불치병에 감사했고 행복했다.

그때부터 더욱더 선명하게 나는 내가 원하는 그림으로 이미지를 그리기 시작했고(정원에 씨앗뿌리기) CRPS 진단 2달 이후부터는 통증도 사라졌거니와 거의 매일같이 강의를 하게 되었다. 그리고 그 이후 감사하게도 멋진 강사, 재미있는 강사로 인정해주는 강사가 되어 있다.

CRPS라는 진단지 한 장에 각종 불편한 의미를 부여하는 지도를 그려냈다면 지금의 나는 없을 것이다. 어떠한 것이든 아무 의미가 없다. 다만 의미를 불어 넣는 것은 우리들이 해야 할 역할이다. 그렇다면 어떠한 지도를 그려서 의미를 넣을 것인가는 개인의 선택이다.

'힘들어하거나 행복해하거나' 나는 이 글을 읽는 모든 독자들이 행복을 선택하는 것을 기대해본다.

이렇게 기본 전제와 원리를 마무리하려 한다.

NLP는 모든 생활의 기본이 되는 것으로 8가지만 기억해도 살아가는 데 큰 도움이 될 것이다.

사람은 컴퓨터와 상당히 닮아 있다. 누구나 프로그램된 대로 나온다는 것이 그렇다.

"나는 원래 그래."라고 하는 사람들이 있는데 어떻게 프로그램하느냐에 따라 정말 쉽고 빠르게 변화할 수도 있다는 것이다.

예를 들어서 파란불 신호에 횡단보도를 건너는데 차량이 와서 경적을 누른다.

신호에 의해 길을 건너는데 그 소리에 깜짝 놀랐다면 기분이 상한다. 사람들은 서서 그 차를 쳐다보거나 보행자 신호라는 것을 인지시킨다. 때로는 오히려 더욱 천천히 간다. 오히려 그 자리에 서서 신호가 바뀔 때까지 서 있는다. '기절하는 척한다.'라는 재미있는 반응들도 나온다.

그런데 아뿔싸! 차에 탄 사람을 쳐다보니 아는 사람이고 나를 부르려고 경적을 울린 것이다.

"강사님 어디 가세요?"

"지금 선릉에 강의하러 가는 길입니다."

그러자 그분은 "제가 모셔다 드려도 될까요?" 하기에 나는 너무 좋아서 "그럼요." 하고 그 차를 얻어 타고 편하게 그리고 기분 좋게 일찍이 선릉에 도착할 수 있었다.

그리고 또 그 횡단보도를 건널 때 경적을 울린다면 어떻게 반응하게 될까? 또 아는 사람인가 하고 입가에 미소를 띨 것이다.

사람은 그때그때 프로그램한 대로 반응한다. 즉 경험했던 지도를 만들어 놓으면 그것에 사람은 반응하게 된다는 것이다.

강의 중 자주 물어보는 질문이 있다.

"제가 앞에 있는 분들을 화나게 할 수 있을까요?"

대부분의 사람들은 "네, 충분히 그러고도 남으실 것 같아요."라고 이야기를 한다.

"그럼 제가 지금부터 10분간 정말 기분 나쁘게 해드릴 건데요. 그래도 허허 웃고 계시다가 10분 후 '수고했어요.'라며 저의 어깨를 툭툭 치고 나가시면 통장에 10억 원을 입금해드린다면 화를 내실 수 있는 분이 있을까요? 힌트를 드리자면 10분간 10억을 어디에 쓸 것인지를 생각해 보는 겁니다. 하실 수 있을까요?"

대부분 "할 수 있을 것 같다."라고 답한다.

그렇다, 내가 정말 나를 좋아하고 사랑하면 그리고 원하는 것에 대한 기대와 즐거움이 있다면 다른 사람들이 하는 말에 영향을 받지 않아도 된다는 것이다.

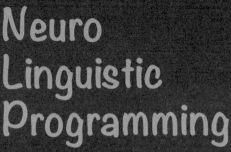

Neuro Linguistic Programming

| 제3장 |

사람을 변화시키는
강력한 생활 NLP 스킬

성과중심의 프레임

성과중심의 프레임이란

원하지 않는 것을 하지 않는 삶이 아닌, 내가 원하는 삶을 선택하는 것, 즉 정원에 원하는 것을 똑바로 주문하는 방법이다.

성과중심의 프레임 활용 방법

'왜?'라는 질문 대신 '어떻게?'라는 질문을 활용하라

사람들은 왜라는 질문으로 자신의 부족함을 찾아 해결하려고 한다.

'왜 내 강의에 사람들이 반응을 안 하지?', '왜 나는 어렸을 때 공부를 안 했을까?', '왜 저 사람은 저런 말을 하지?', '왜 나한테 이러지?' 등 이런 것들은 자존감을 낮추고 바꿀 수 없는 외부 환경에 집중해서 자신을 부족한 사람으로 느끼게 만든다.

'어떻게?'라는 질문을 사용하여 원하는 것을 찾아보자.

'어떻게 하면 강의에 빠져들게 하지?', '어떻게 하면 지금 필요한 공부를 효과적으로 할 수 있을까?', '어떻게 하면 사람들과 잘 소통할 수 있을까?' 등 자신의 내면에서 해답을 찾는 것이다.

내게 필요한 자원은 이미 있거나 새로이 창조할 수 있다.

두 명의 캐릭터

왜 / 어떻게

왜: 나는 왜 공부를 못 할까?
기초가 안 돼 있어서, 공부를
안 해서, 하기 싫어서 등

어떻게: 나는 어떻게 하면 공부
를 잘할까?
기초부터 시작하면 돼, 공부를
잘하는 친구와 어울려보자 등

문제를 고치면 해결될 것이라는 생각은 누구나 해봤을 것이다. 내가 가지고 있는 문제점을 고치려는 노력은 평생 자기 자신과 싸우겠다는 것과 똑같다. 앞서 이야기한 것처럼 사랑만 하기에도 바쁜 시간 아닌가.

나의 무한한 가능성이 있다는 것을 알려준 '어떻게?'라는 질문을 나는 마법의 질문이라고 생각한다. 창의적인 생각과 아이디어를 원한다면 지금 당장 질문해보거나 적어보기를 권한다.

'어떻게 하면 ~할 수 있을까?'를 생각해보라. 그리고 당신의 내면이 하는 이야기를 듣게 된다면 당신도 이해할 것이다. 자신이 얼마나 창의적이고 훌륭한 생각을 담고 있는지

'왜?'라는 질문은 문제의 이미지가 떠오르고, '어떻게?'라는 질문은 방법의 이미지가 떠오른다. 정원에서는 당신의 질문에 떠오르는 이미지를 현실로 만들어준다.

라포(소통의 스킬)

상대방을 따라 하라.(mirroring: 미러링)

상대방의 움직임이나 표정을 따라 하라. 물론 너무 티가 나게 따라 하면 상대방에게 오히려 불쾌감을 줄 수 있다. 적당히 따라 하는 것은 큰 도움이 된다.

사람은 거울 뉴런이 있기에 자연스럽게 사람을 따라 하고 싶은 욕구가 있다. 그렇기에 자연스럽게 따라 하게 되면 잠재의식은 소통의 연결고리를 형성하게 된다.

상대방이 하는 말들 중 중요한 말들을 따라 하면서 대화하라.(backtracking: 백트래킹)

예를 들면 '요즘 사람들이 나를 너무 힘들게 해.'라고 한다면 '그래, 요즘 힘들구나?'라고 말을 따라 해주는 것이다. 행동과 마찬가지로 같은 언어패턴을 사용한다고 생각하면 너무나도 자연스럽게 상대방에 대한 신뢰도가 형성이 되고 더욱 편안하게 말을 이어가게 된다.

호흡의 리듬 및 음조에 맞춘다.(pacing: 페이싱)

호흡의 리듬 및 음조에 맞춘다. 긴장, 분도, 근심, 걱정, 의기소침, 조심함, 짜증스러움, 놀라움 등 사람들의 호흡에 맞추어 주는 것이다.

　다급한 목소리로 얘기를 하는데 아무렇지도 않게 받아준다면 대화가 이어질 수 없을 것이다. 일반적인 소통 관계에서도 큰 도움이 된다.

이끌기(leading: 리딩)

　상대방을 따라가며 자연스럽게 소통이 이루어지고 상대방이 자신의 이야기를 편안하게 풀기 시작하면 질문으로 이끌며 계속해서 자신의 장점을 발견하게 해주는 것은 매우 중요하다.

　위의 4가지를 하는 이유는 상대방에게 전적으로 귀 기울이기 위해서이다. 소통의 가장 중요한 부분은 상대방의 이야기를 들어주며 함께 호흡하는 것이기 때문이다.

앵커링(삶을 특별하게 만들다.)

나는 개인적으로 앵커링을 참으로 좋아한다. 자기가 좋아하는 상황을 떠올리고 그것을 생생하게 기억하며 순간순간 그것이 떠오르게 하는 것이다.

앵커링은 문자적으로는 배의 닻을 내려놓은 것이라고 해석한다. 사람에게도 정박해놓은(의미를 부여해놓은) 닻이 있다는 이야기이다.

어떠한 음악을 들을 때 떠오르는 사건이나 사람 환경들이 있을 것이고 무엇을 보거나 향기를 맡고, 맛을 보거나 몸으로 감지를 하면 떠오르는 것들을 앵커링이 되었다라고 이야기한다.

앵커링은 크게 시각적, 촉각적, 청각적으로 구성된다.

보기만 해도 해도 기분이 좋아(나빠)지는 물건이 있다.(시각)
길거리에 흘러나오는 음악에 현재(과거)에 교제하던 사람이 생각난다.(청각)
먹지 못하는 음식이 있다.(미각)
사람이 많은 곳, 유독 진하게 느껴지는 향기에 생각하는 사람이 있다.(후각)

뜬금없이 좋은(나쁜) 느낌이 든다.(촉각)

아울러 앵커링은 4가지 법칙으로 만들어진다.

적시성의 법칙

반복성의 법칙

상황성의 법칙

특이성의 법칙

사례 1

담배를 싫어하게 되다 — '상황성의 법칙'

담배를 정말 끊고 싶어 했지만 계속 실패하고 만다.

사람들은 이야기한다. 담배는 끊는 것이 아니라 평생 참는 것이라
고. 그래서 참고 참다 더더욱 스트레스를 받아서 먹는 음식과 술의 양
이 조절이 안 되고 이내 손에는 담배가 쥐어져 있었다. 그 반복을 10
년은 해왔던 것 같다.

1월 1일이면 언제나 쥐고 있는 담배 한 갑을 꾸기며 다시는 담배를 피우지 않겠노라 다짐을 해왔지만 금연은 불가능한 것처럼 느껴졌다. 담배를 피우는 사람이라면 나와 비슷한 경험이 있으리라 생각을 한다.

시드니에서 생활을 할 때였다. 돈이 부족해서 늘 라면을 끓여 먹으며 하루하루를 지내는데 라면 한 박스에 7달러, 담배는 한 갑에 13달러에 사는 나를 보면서 참으로 한심하다는 생각을 했다. 하지만 그럼에도 또 담배를 사고 있는 내가 갑자기 싫어지고 담배를 물고 있는 나라는 존재에 화가 난다.

그리하여 담배를 피우다 말고 한참이나 구역질을 했다. 몸에 이상이 있나 하여 불안하기도 했다. 그런데 그 이후로 담배 냄새가 너무 역겹게 느껴지는 것이다.

그때는 몰랐지만 담배는 구역질나는 것이라고 상황성의 법칙으로 나에게 앵커링이 된 것이었다. 그 이후 8년째 금연을 하고 있다.

NLP를 배우고 몇몇 사람들에게 동일한 패턴으로 앵커링을 시킬 수 있도록 도와주었고 결과는 놀라웠다. 실제로 현재 같이 활동하는 강사들 중에 담배를 피우는 사람은 단 한 명도 없으며 피웠던 사람도 금연가로 변화되어 강사활동을 하고 있다.

원하는 상상을 현실로 만들다

내가 정말 행복한 모습의 삶은 어떤 모습일까를 떠올리던 중 조엘 오스틴 목사의 레이크우드 교회의 모습을 보는데 전율이 느껴지는 것이다. 바로 캡처해서 내가 연설을 하고 있는 것처럼 합성을 해두었고 그것을 반복성의 법칙을 활용하여 스스로 앵커링을 시도했다.

기분 나쁘고 감정이 불편해질 때에도 앵커링한 이미지를 떠올리면 마음이 좋아지는 것이다. 그 결과 실제로 수없이 많은 사람들 앞에서 강의를 하게 되었고 많은 사람들을 만나게 해주었다. 그리고 다른 사람들에게도 알려주고 같이 활용하면서 기적 같은 삶을 사는 사람들이 많아지고 이렇게 책까지 출판하게 되었다.

사례 2

트라우마에서 벗어나다

NLP 6시간 수료과정이 진행되었다. 그곳에 오신 분들 중 유독 기억이 남는 한 분이 칼에 대한 트라우마를 가진 김수지 강사님이다. 그분의 첫 인상은 웃음기 없고, 질문을 하면 불편해하는 표정이 확연하게 들어나는 것 같았다.

그렇게 과정이 진행되었고 트라우마 관련 이야기를 하는데 수지 선생님이 자신이 칼 트라우마가 있다고 이야기를 해주었다. 그 소리를 듣는 순간 놀랍기는 하지만 이분의 트라우마를 치료할 수 있다면 난 엄청난 성장을 하리라 확신이 들었다. 시간이 많지 않아 상담은 강의를 다 마친 이후 진행이 되었고 시간이 되는 분들만 남아서 그 과정을 보게 되었다.

상담내용(요약) — '적시성의 법칙'

수지 강사님은 카리스마 넘치는 강사가 되고 싶었고 열정과 패기가 있었다. 그럼에도 칼과 날카로운 것에 대한 트라우마 있어서 상담이 진행되었다.

"카리스마 넘치는 강사에게 가장 필요한 것은 무엇일까요?"

그 질문에 잠시 머뭇거릴 때 나는 칼이라고 이야기를 했다.

'칼있으마'

자칫 카리스마를 잘못 사용하면 사람들을 다치게 할 수 있다. 그러나 잘 사용하면 사람들을 감동시키고 행동시킬 수 있다는 사실을 인지시킨 뒤 칼이라는 존재를 무서워하면 칼을 잘 다룰 수 없고, 칼이라는 존재를 잘 다루게 된다면 정말 멋진 카리스마를 가지게 될 것이라고 상담을 이어갔다.

'어떻게 생각하시나요.'라는 질문에 표정이 많이 밝아졌고 상담은 생각보다 빨리 종료되었다.

결과는 좋았다. 약간의 무서움은 동반하지만 훨씬 편해졌다는 문자를 받았다. 약간의 무서움이 있다는 것은 오히려 도움이 될 듯하다. 전혀 무서워하지 않으면 다칠 염려가 있기 때문에……

그렇게 시간이 지나 메일을 하나 받게 된다.

From 김수지

대표님~
어떻게 감사의 인사를 전할까 생각하다가 편지를 쓰게 되었어요.
정말 대표님을 만나고 나서 제 인생이 변했어요.
교육을 들으면서 한번 해볼까? 하는 마음이 생기더군요. ^^
특히 앵커링 기법은 저에게 큰 도움이 됐습니다.
내 감정을 행복한 상태로 유지시킨다는 게……. 어려울 것 같고, 환경이 따라줘야 가능할 것 같았지만 결국 모든 건 내 마음먹기에 다라 달라진다는 걸 깨달았죠. 저는 백화점에서 현장직으로 CS 팀에서도 근무해보고 CS 강사로도 근무를 했었는데요. 서비스직에서 일할 때, 감정이 상하는 경우가 참 많이 있잖아요. 그때마다 앵커링 기법을 활용해서 마음이 편안해지고 행복해지는 것을 느꼈습니다.
그리고 무엇보다도 20년 넘게 함께 한 저의 칼 공포도 단 10분 상담만으로 해결해주셨습니다. 대표님께서 잠깐의 트랜스 상담으로 트라우마 치료를 해주신다고 하셨을 때 반신반의 했지만 대표님께서 너무 확신하는 표정이셔서 저도 모르게 저도 고칠 수 있을 거라는 확신을 가질 수 있었던 것 같아요.

사실 저는 생각보다 칼 공포증이 심했습니다. 칼뿐만 아니라 날카로운 것들이 제 주변에 있으면 저에게 달려들 것 같아서 숨이 탁 막히고 초조해지고 신경이 날카로워지는 그런 고통을 견디고 살았습니다.

 그것 때문에 요리할 때도 칼이 아닌 가위를 썼었고, 과일도 깎아먹어야 하는 과일은 아예 잘 먹지 않았습니다.

 제가 왜 칼 공포증이 생겼는지는 중요하지 않았던 것 같아요. 앞으로 제가 칼을 보고도 두렵지 않게끔 제 내면을 만들어 주셨습니다.

 가장 마음에 와 닿았던 건 제가 너무나도 원했던 카리스마 있는 모습과 칼 공포증을 연결해서 상담해주신 게 가장 인상적이었어요.

 '칼이 나쁜 존재만은 아니다. 칼은 꼭 필요한 존재다. 칼을 잘 사용해서 유익하게 우리 생활에 이용할 수 있다. 수지 강사님도 칼 공포증을 이겨내고 카리스마 있는 모습을 가질 수 있는 상상을 해보세요.'라고 말씀해주실 때 전율이 통하는 걸 느꼈어요. 그리고 얼마 뒤 연필을 깎고 있는 제 모습을 보게 되었습니다.

 너무 신기하고 감사합니다. 앞으로 카리스마 넘치는 강사가 되어서 저도 사람들에게 도움이 되고 싶습니다. 정말 감사드립니다.

 지금 김수지 코치님은 현재 트레이너로서 과정을 밟고 있으며 가끔씩 찾아오는 현실에 대한 압박을 자신을 더욱 성장시키는 자극제라고 이야기한다. 지금 일어나는 현실을 보는 것이 아니라 앞으로 일어날 일들을 만들어간다. 정말 나이에 비해 상당한 내공이 있으며 정말 놀라울 정도의 창의력을 보여준다. 앞으로도 우리 회사의 큰 기대주이다.

....

정원에 열매 맺고 싶은 이미지를 앵커링해보라.

충분히 그 상황과 동일하게 느껴보라. 보고(시각), 듣고(청각), 느끼고(촉각, 후각, 미각) 마치 지금 그 일이 일어나는 것처럼 그리고 시시때때(반복성의 법칙)로 떠올려 보는 것이다. 그렇게 원하는 것들을 하나하나 생생하게 떠올려 놓으면 불편한 생각에 꼬리의 꼬리를 무는 무의미한 시간에서 자유로워질 수 있다.

스위시(순간변화기법)

평소에 떠오르는 감정들을 순간적으로 원하는 감정 상태로 바꾸어 주는 스위시 기법을 활용하면 정원에서 시너지 효과를 낼 수 있다.

스위시는 휙 하는 소리의 의성어로서 휙 하는 소리와 함께 원하는 이미지를 떠올리는 것이다. 꼭 입으로 휙 하는 소리를 내야만 하는 것은 아니다. 손가락으로 소리를 나게 해도 되고 그냥 떠올리기만 해도 된다.

스위시 기법으로 사람의 마음을 얻다

직장에 다니면서 계속해서 강사의 꿈을 꾸고 있던 어느 날 직장 상사가 내가 없는 아침 조회에 나를 좋지 않게 이야기했다는 것이다. 기분이 상해서 따지고 싶었다. 나는 회사에서 시키는 일을 했을 뿐인데 잘 알지도 못하면서…….

기분 나쁜 감정은 나에게 도움이 되지 않는다는 생각이 들었지만 쉽게 가라앉지 않는 감정이었다. 그때 계단에 앉아 스위시 기법을 실행했고 갑자기 그런 생각이 들었다.

'내가 이 회사에서 하는 역할이 많아지긴 했구나.'

그렇게 높은 직급의 상사가 내 이름을 알고 이야기했다는 것만으로도 기분이 편해졌다.

그리고 그분이 사무실로 잠깐 오라고 했기에 어떤 이야기를 하든 받아들이고 성장하자라는 기분 좋은 생각으로 들어가 인사를 드렸다.

상사: 범구, 요즘 일 좀 잘된다고 그렇게 마음대로 행동해도 된다고 생각해?

범구: 죄송합니다. 생각이 짧았습니다.

상사: 회사에서 시키는 일이라고 해도 순서가 있는 거야.

범구: 네, 죄송합니다.

상사: 혼자 가면 빨리 갈 수 있을지 모르겠지만 오래가려면 함께 가라는 말이 있더라고.

범구: 네.

상사: 일 잘하고 있는 사람한테 내가 그렇게 한 건 잘하다 없어지는 게 싫어서 그랬어. 너무 마음 쓰지 말고 앞으로 같이 할 수 있는 걸 많이 했으면 좋겠네.

범구: 네, 관심 가져주셔서 감사합니다.

상사: 그래 오늘도 수고하고.

범구: 네, 더욱 열심히 하겠습니다.

몇 일후 상사는 전 직원이 있는 자리에서 나를 칭찬해주었고 나는 조금이나마 성장한 나에게 뿌듯함을 느꼈다.

그렇다, 감정적으로는 당장 나의 억울함을 호소할 수 있지만 억울함을 잘 이야기했다고 내 마음이 편해지지 않는다는 사실은 여러분들도 잘 알고 있을 것이다.

순간 변화기법으로 좋아진 마음이다.

나는 사실 상사분의 칭찬도 좋았지만 내가 스스로 스위시를 했다는 것과 그 결과 그렇게 좀 더 성과중심의 생각을 해내고 행동한 것에 무한한 행복감을 느끼게 되어 그 뒤로도 감정적으로 문제가 생갈 때에는 스위시 기법으로 내가 원하는 상태로 순간변화 시키고 있다.

상사의 잔소리로 마음이 불편한 순간

획 하는 소리와 함께 마치 컴퓨터 인터넷 창을 눌렀을 때 화면이 확
펼쳐지는 것처럼 미리 준비한 원하는 모습을 상상한다.

그러면 마음이 편안해지고 상황을 긍정적으로 바라보게 된다.

변형어휘를 활용하라

실제로 NLP를 배운 분들이 종종 이렇게 연락을 주곤 한다.

"강사님, 저희 회사에서 오늘 평소에 쓰는 언어만 바꾸었을 뿐인데 마음이 즐겁고 가볍습니다."

이렇게 연락을 주셨고 며칠 후 또 다른 문자를 보내 주셨다.

"강사님, 사람들이 저에게 고맙다는 문자를 보내주기 시작했어요. 상담도 부탁을 받았어요. 정말 말만 바꾸었는데 많은 일들이 생기네요. 앞으로 더욱 기대됩니다. 강사님 덕분이에요. 감사드리고요, 앞으로도 잘 부탁드립니다."

예를 들자면 다음과 같은 것이다.

나쁘다고 생각될 때 → 감사하다.

밉다고 생각될 때 → 더 사랑해.

왜 저럴까? → 긍정적 의도가 있군.

화가 나네! → 용서하겠어.

'용서하겠다.'는 마음을 먹자 먼저 아내가 누구보다 좋아해주었다.

그리고 종종 타인으로 인해 감정적 느낌을 받으면 '용서하겠어.'를 연신 이야기하며 기분 좋은 상태를 유지하고 지냈다. 그러던 어느 날 저녁시간, 산책을 위해 아들과 아내와 함께 길을 나섰다.

신호등의 파란불이 들어와 건너려는데 그냥 차가 멈추지 않고 마구 달렸다.

그 뒤에 차가 오는 것을 알았지만 눈이 마주쳤기에 당연이 서겠지 하며 발걸음을 옮겼다. 그런데 그 차가 그냥 휙 지나가려다 앞의 차를 보고 우리 바로 앞에 멈추었다. 눈앞에 운전자가 보이고 내가 아이의 손을 잡고 있었지만 아이가 한 걸음만 더 걸어갔어도 큰일 날 뻔한 상황이었다.

너무 화가 나서 욱 하고 한마디 하려는데 유모차를 가지고 뒤따라오던 아내의 한마디가 들렸다.

"용서하겠어!"

그 말을 듣고 그냥 아이를 안고 산책을 하러 갔다.

그날 그 어느 때보다 행복하고 감사한 날이었다.

그 순간 감정에 휘둘려 싸웠다면 아마 놀라고 상처받은 사람은 우리 가족일 것이다. 순간순간 사용하는 언어에 따라 감정상태가 바뀐다는 것을 이해하게 된 중요한 순간이었다.

위기를 기회로 바꾸는 리프레이밍 언어

한번 본인이 바꾸고 싶은 모양으로 바꾸어 보기를 바란다.

건강이 좋지 않다 → 건강 전문가로 활동가능

의지가 약하다 → 의지에 유연성이 강하다.

소심하다 → 겸손하다, 신중하다.

이론만 내세운다 → 논리적이다.

직장상사에게 혼났다 → 직장 상사에게 기대받고 있다.

경험이 없다 → 참신한 발상을 할 수 있다.

나이가 많다 → 경험이 많다.

어떠한 상황이든 그것은 기회로 받아들일 수 있다.

본인이 처해 있는 상황을 적어보고
기회가 되면 다시 정리하자.

소통의 꽃 메타모델(소통 Finish)

왜 메타모델이 소통의 꽃이라 불리는지 확인을 해보겠다.

다 같이 한국말을 하고 있지만 소통이 어렵다. 왜 그럴까?

아는 크게 세 가지 왜곡, 일반화, 삭제가 일어나기 때문이다.

왜곡 — **왜곡 복원**

나 : 상사가 나만 미워해.

동료: 상사가 너만 미워한다는 건 어떻게 알게 된 거야?

나 : 나한테만 일을 유난히 많이 맡기잖아.

동료: 너는 미워하는 사람에게 일을 많이 맡기는 편이야?

나 : 아니, 나는 그래도 믿음직한 사람에게 일을 맡기지,

동료: 그럼 상사도 너를 믿음직한 사람으로 보는 거네?

나 : 그런가?

일반화 ― 일반화 복원

친구: 왜 나는 안 좋은 일들만 일어나는 걸까?

나 : 계속 안 좋은 일들만 일어나?

친구: 뭐 꼭 그런 건 아니지만 대부분 그런 것 같아.

나 : 꼭 그런 게 아니면 좋은 일은 어떤 일이 있어?

친구: 음~ 응원해주는 친구들이 있네.

나 : 표정이 정말 좋아 보인다.

친구: 그래? 하긴 좋은 일도 많은데 조금 지쳤었나 봐. 고마워, 마음이 한결 좋다.

나 : 멋지다. 오늘도 좋은 하루 보내.

삭제 — **삭제 복원**

선배: 우리 회사는 변화가 없어.

나 : 어떤 변화가 없다고 이야기하시는 건가요?

선배: 그야 물론 직원들의 창의적 아이디어지.

나 : 그럼 어떻게 하면 창의적 아이디어가 나올까요?

선배: 아이디어 회의를 해야겠지?

나 : 그럼 아이디어가 나오나요?

선배: 방법을 찾아봐야겠다.

나 : 그럼 창의적인 아이디어가 나오면 어떻게 되나요?

선배: 활력이 넘치겠지? 회사도 살고.

나 : 재미있겠네요. 그럼 변화가 시작된 거네요?

선배: 지금 바로 시작해야겠다. 오랜만에 설렌다. 고마워.

 ....

　사람의 잠재능력은 무한하다. 질문으로 생각의 관점을 바꾸어 주면 긍정적이고 힘을 낼 수 있는 방법을 찾을 수 있다.

　메타모델 질문은 일상생활의 좋은 소통도 가능하고 질문을 잘 활용하는 것만으로도 무한한 잠재능력을 깨울 수 있다.

　많은 사람들이 소통이 어렵다고 이야기한다. 왜 그런가를 다음 문장을 읽어 보고 이야기를 해보려 한다.

캠릿브지 대학의 연결구과에 따르면, 한 단어 안에서 글자가 어떤 순서로 배되열어 있는가 하것는은 중하요지 않고, 첫째번와 마지막 글자가 올바른 위치에 있것는이 중하요다고 한다. 나머지 글들자은 완전히 엉진창망의 순서로 되어 있지을라도 당신은 아무 문없제이 이것을 읽을 수 있다. 왜하냐면 인간의 두뇌는 모든 글자를 하나하나 읽것는이 아니라 단어 하나를 전체로 인하식기 때이문다.

다시 한 번 한 글자씩 읽어보기를 바란다. 문장은 뒤죽박죽인데 무리 없이 끝까지 읽는 경우가 대부분이다. 소통은 서로가 같은 것을 이해하기 위해서 한 번의 질문을 더함으로써 서로가 좋아지는 소통을 할 수 있다.

의사소통은 상대방에 의해서 결정된다.

소통, 상담 전문가가 되고 싶다면 끝까지 듣고 삭제, 왜곡, 일반화를 발견하고 복원 질문을 하라. 정확하고 활력 넘치는 소통이 시작될 것이다.

업무의 특성상 혹은 관계의 특성상 서로에게 이해가 되고 이득이 될 수 있도록 상세하게 질문해 바로 된 소통을 하는 것은 매우 중요한 일이다.

긍정적 의도 탐색과 변화

불면증 극복사례

내담자는 정말 밝고 항상 긍정적인 친구라 불면증은 상상도 하지 못했지만 벌써 잠을 이루지 못한 시간이 꽤 지난 친구였다. 미리 알아보지 못해 미안했지만 강의 중에 고백해줘서 고마웠다.

NLP의 긍정적 의도 탐색과 반응이라는 스킬로 상담이 시작되었다. 잠을 못 이루는 긍정적 의도는 무엇일까? 내가 잠을 못 이루는데 긍정적 의도가 있을까요? 가만히 들어보겠습니다.

강범구: 잠을 이루지 못하는 자신에게 어떤 긍정적 의도가 있습니까?
내담자: 제가 너무 가식적인 것 같아요
강범구: 어떤 부분이 가식적인 것 같아요?
내담자: 저는 그렇게 긍정적인 사람이 아닌데 그런 척하는 제 자신이오.
강범구: 그렇게 그런 척하는 이유는 무엇일까요?
내담자: 지금 만나는 사람들을 놓치고 싶지 않아서요.

강범구: 그렇다면 본인의 본 모습을 보여주면 어떻게 되나요?

내담자: (눈물을 흘리며) 사실 그렇게 큰 문제는 없을 것 같아요.

강범구: 그렇다면 그 자신의 본 모습을 보여주지 못하는 자신에게는 어떤 긍정적 의도가 있을까요?

내담자: 과거의 친구들과의 문제.

강범구: 친구들과 문제가 있었나요?

내담자: 제 잘못이 아니에요.(계속 흐르는 눈물.)

강범구: 네, 민희 씨 잘못이 아닙니다. 울고 있는 민희에게 이야기해 주세요. '네 잘못이 아니야.'라고.

내담자: 네 잘못이 아니야.(눈물)

강범구: 민희 씨 잘못이 아닙니다. 얼마나 힘들었어요.

내담자: 친구들이 못된 것도 아닌데 저도 잘하려고 했던 거예요.

강범구: 그렇군요. 잘하려고 일부러 신경을 썼는데 오해가 된 거군요.

내담자: 네.

강범구: 그래요, 서로의 오해가 있었던 것이지 누구의 잘못도 아닙니다. 그렇죠?

내담자: 네.

강범구: 그럼 그 당시 상처를 받았던 민희 씨에게 '네 잘못이 아니야.'라고 이야기를 해주고 꼭 안아주세요.

내담자: (눈물)

강범구: 자, 충분히 위로가 되었다고 생각할 때까지 안아주시고 다 되었다고 생각이 된다면 말씀해주세요.

내담자: (잠시 후) 네.

강범구: 좋습니다. 장소를 이동하겠습니다. 아까 생각했던 본인의 침실로 가보도록 하겠습니다.

내담자: 네.

강범구: 침실에 도착했나요?

내담자: 네.

강범구: 편안하게 누워서 온몸에 힘을 쭉 빼고 편안하게 눕도록 하겠습니다. 이제 잠이 옵니다. 편안하게 아주 편안하게 잠이 들게 됩니다.

내담자: …….

강범구: 제가 사인을 드리면 아주 푹~ 자고 일어난 것 같은 기분 좋은 느낌으로 눈을 뜨게 됩니다. 아시겠죠?

내담자: 네.

강범구: 하나, 둘, 셋! (손가락으로 소리) 눈 뜨시고 개운함을 충분히 느껴 보십시오.

내담자: 제가 이렇게 울게 될 줄은 몰랐어요. 암튼 마음은 편해졌어요.

며칠 후

내담자: 대표님, 저 요즘 너무너무 잘 자요~ 감사합니다.

내면의 아이가 위로받고 싶다는 긍정적 의도가 발견이 되었고 그렇게 해줌으로써 불면증은 사라진 것이다.

사람에게 일어나는 모든 반응에는 긍정적 의도가 있다. 그것을 파악하고 그 긍정적 의도를 이해해준다면 그 어떠한 반응도 긍정적으로 바뀔 수 있다.

'참아야 하는 나, 먹어야 하는 나'의 긍정적 의도

내 속에 있는 생각들에도 긍정적 의도가 있다. 가장 흔한 예로 다이어트를 들어보겠다. 참아야 하는 나와 먹어야 하는 내가 있다. 대부분 '참아야 한다.'가 이기는 듯 보이지만 결국 먹어야 하는 내가 폭식과 폭음으로 이어진다. 그래서 다이어트를 시작하면 살이 더욱 찌는 경우들이 있었을 것이다. 따라서 성공적 다이어트를 위해서는 긍정적 의도를 파악하는 것이 중요하다.

먹고 싶은 나의 긍정적 의도는 무엇인가?

입이 즐겁고 싶다, 사람들과 즐겁고 싶다, 배를 든든하게 채워서 힘을 내고 싶다 등일 것이다.

그렇다면 다이어트를 해야 하는 나의 긍정적 의도는 무엇일까? 건강하고 싶다, 자신감을 갖고 싶다, 멋진 옷을 입고 싶다 등일 것이다.

그러나 사람들은 다이어트를 결심하면 놀랍게도 평소에 연락을 잘 하지 않던 친구한테 연락이 온다.

"오늘 오랜만에 뭉치자."

이쯤 되면 다이어트를 시작한 날부터 고난이 시작된다.

"미안해, 나 오늘 선약이 있어서⋯⋯."라고 애써 거절하면 친구들은 "우리 늦게까지 놀 거야 늦더라도 꼭 연락 줘."

그럼에도 불구하고 자기 자신과의 싸움에서 이기고 싶기에 꾹 참고 애써 집으로 향한다. 그리고 엘리베이터를 타면 거짓말처럼 치킨 냄새가 또 나를 자극한다.

마침 눈앞에는 유혹의 전단지가 딱! 그러나 불굴의 의지를 불태우며 집에 들어간다.

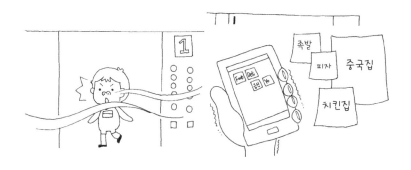

그리고는 발견한다. 가족이 시킨 치킨.

부모님이 말씀하신다.

"시간 딱 맞춰 왔네. 치킨도 방금 왔어. 어서 와. 같이 먹자!"

그럼 가족과의 화합을 위해 먹고 또 먹는다.

그렇게 다 먹고는 한숨을 크게 내쉬며 '내일부터!'라고 생각한다. 그리고 다시 친구들에게 전화해 밖에 나가 또 폭식을 하게 되는 것이다.

긍정적 의도를 가지고 있는 내면의 나는 어린아이와 같아서 '사탕

주세요.'라고 했을 때 '참아라.'라고 이야기하면 생떼를 쓰고 그래도 참으라고 하면 길거리에 드러누워 버린다. 그렇게 되면 사탕 하나로 끝나지 않는다는 것은 누구나 다 아는 사실일 것이다.

비염 이야기

31년에 걸친 비염과의 숙명적인 동침. 수없이 돈을 써가며 고치려 했지만 코가 커서 그런지 약도, 그 무엇도 그때뿐이지 듣지를 않았던 비염에 대해서 생각해 보지 않을 수 없었다.

비염이 너무 심해서 강의를 할 수 없을 만큼 불편했던 적도 있었고, 집에서 하루 종일 기침하며 눈물, 콧물을 흘린 적도 있었다.

남들보다 코가 2배 이상 더 크니 금액과 시간도 2배 이상을 투자해야 되나 보다 하고 별의별 생각을 다 하던 중 콧물이 쏟아지고 재채기를 계속할 때 내가 무슨 상태인가를 집중적으로 생각하게 되었다.

그러자 타인이 마음에 안 들거나 무언가를 바꾸고 싶게 하고 싶은데 타인이 바뀌지 않는 것에 마음이 상할 때 비염(재채기)이 찾아온다는 사실을 알게 되었다.

그리고 내 자신이 무엇인가 마음에 들지 않을 때, 내 부족함을 느낄 때 비염이 올라왔다.

그리하여 재채기가 나오려 할 때, 가슴에 손을 얹고 "괜찮아, 나는 내가 좋아. 나는 내가 좋다. 나는 내가 좋다."라는 말을 계속해왔고 1개월 뒤 거짓말처럼 비염은 사그라졌다.

많이 심했던 비염 덕에 늘 흐르던 콧물, 늘 달고 살았던 장염으로 인한 복통, 지긋지긋한 어깨 통증.

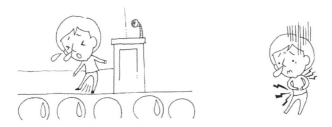

결국은 나 자신을 더욱 위로하고 사랑해주라는 긍정적 의도가 몸에 반응한 것이라 생각하니 미안한 생각이 들었다. 하지만 이제는 더욱 활력 넘치는 모습으로 내 몸에게 힘이 되어주고 싶다.

손톱 물어뜯기를 고치다

　　관심받고 싶다는 긍정적 의도를 만족시킨 좋은 사례가 있어 나누고자 한다.

　　NLP코치 과정 강의 중에 아이가 손톱을 물어뜯는 것을 고칠 수 있느냐는 질문을 받아 방법을 알려드렸다.

　　① 아이의 결핍을 만족시킬 것

　　아이가 듣고 싶어 하는 이야기를 5분간 계속해서 해줄 것.(내면 아이 치유.)

　　② 앵커링으로 자연스럽게 원하는 상상을 하게 해줄 것.

　　이 방법을 바로 적용하였더니 아이가 손톱을 물어뜯지 않게 되었다고 연락해주셨다.

건강과 국소적 다한증 치유

김명현 코치님의 편지

강범구 대표님께

강 대표님과 NLP를 만나면서 저에게 많은 변화가 있었습니다. NLP 과정을 배우면서 점점 제 자신이 변하고 있음을 알게 되었고 그중 첫 번째는 제 건강이었습니다. 어린 시절부터 어렴풋이 저는 스트레스가 몸을 아프게 할 수 있다는 것을 알았습니다. 기분이 좋지 않거나 신경을 쓰면 몸이 아파오는 것을 경험했습니다. 예민해서 그렇다고 생각을 했었는데 이번 과정을 통해 나 스스로 내 몸이 아프기를 바랐던 생각이 내 몸을 아프게 한다는 것을 알게 되었습니다.

회사에서 회식이 있는 날, 출근하고 얼마 지나지 않아서 감기몸살인지 체한 건지 온몸이 아프고 걷기가 힘들었습니다. 그래서 사무실에 있는 소화제, 감기몸살 약을 먹고 손가락을 바늘로 따기도 했지만 차도가 없어 약국에 직접 가서 증상을 얘기하고 목감기약과 해열제를 처방받았습니다. 그날의 회식은 도저히 몸이 아파서 못 가겠다고 얘기했고 알겠다는 말을 듣고 집에서 쉬고 있을 때 속상한 얘기를 전달받게 되었습니다.

그 얘기는 '왜 하필 다른 부서랑 함께하는 회식 때 아픈 거야.'라는 말이었습니다. 그 얘기를 전해 듣고 홧김에 다시 전화해서 회식 참석의사를 전달하고서 아픈 몸을 이끌고 버스로 한 시간 거리인 회식장소에 갔습니다. 차라리 '회식 다녀와서 쓰러지자.'라는 생각이었던 것 같습니다. 그리고 그 다음 날 생각대로 저는 입원을 하게 되었습니다. NLP를 배우지 않았다면 지금도 제 몸을 아프게 하는 생각만 했을지 모르지만 지금은 나를 위해, 다른 사람을 위해 좋은 생각, 좋은 상상을 더욱 많이 하게 되었습니다.

강범구 대표님과 NLP를 만나면서 바뀐 또 하나는 제 자신을 사랑하는 법을 배웠습니다. 예전에는 사람들이 칭찬하면 예의 바르게, 겸손하게 해야 한다는 생각 때문에 "에이~ 아녜요."라는 겸손을 가장한 거절을 해왔습니다. 그것이 내 자신에게 부정적인 역할을 하는지 몰랐습니다. 손에서 나는 '땀' 평소에는 손에서 땀이 안 나는데 긴장되거나 사람들과 있을 때 손에서 땀이 나더라고요. 그래서 사람들과 악수도 못 하고 사람들이 악수를 요청하면 땀을 닦고 '지금 땀 때문에 불편할 수 있다.'라는 양해도 구해야 했었습니다.

불편한 일상을 지내다가 최근 NLP를 통해 나 스스로에게 물어보니, 사람들이 손이 예쁘다고 칭찬해준 걸 제가 계속 아니라고 부정했기 때문이었음을 알게 되었습니다. 그래서 사람들이 칭찬해주면 먼저 감사함을 표현하고 칭찬해준 분께 제가 다시 칭찬을 해드리고 있습니다. 그렇게 했더니 더 이상 손에서 땀이 안 생기고 있습니다. 손이 **뽀송뽀송**하니까 사람들과 불편함 없이 악수도 하고, 스킨십도 나누고, 요즘 얼마나 행복한지 모릅니다.

이제는 제가 겸손을 가장한 거절을 하는 사람들에게 "칭찬을 받으면 감사합니다 하고 받아들이면 됩니다."라고 전파하고 있습니다.

저를 사랑하는 방법으로 지금은 몸짱 프로젝트를 진행하고 있습니다. 이전부터 꿈꿔왔던 일자복근을 NLP를 통해서 실천하고 있습니다. 아침을 챙겨먹지 않던 제가 일찍 일어나서 양상추를 씻고 있고, 퇴근시간이 늦다는 이유로 늦은 시간에 라면을 끓여 먹던 제가 6시 반 전에 닭 가슴살 샐러드를 먹고 있습니다. 틈틈이 복근 운동도 하고 있고요. 머지않아 일자복근으로 워터파크를 걷고 있는 제 모습이 상상됩니다. 저에게 많은 변화가 있었지만 그중에 최고는 나를 믿고 나와 함께 해주는 사람들을 만난 것이 아닌가 생각합니다. 자신의 손익을 생각하지 않고 무조건적인 믿음과 사랑을 주셨기 때문에 '숯불걷기'라는 놀라운 프로젝트도 진행할 수 있었습니다. 이 모든 기적 같은 행복을 알게 해준 강범구 대표님께 감사한 마음 전합니다.

참으로 감사하고 감동인 김명현 코치님 NLP 코치 첫날 강의 때 1주일간 입원을 해야 한다는 이야기를 전해 듣는다. 무슨 일일까? 그리고 '다음 과정으로 옮겨야 할까요?'라는 질문에 나는 그냥 들으러 오라고 말씀을 드렸다.

4주 과정 중 첫 번째 과정을 듣지 못한 상태였기 때문에 다음 기수를 생각한 듯하다. 그러나 빨리 만나서 생각의 방향을 좋은 쪽으로 바꾸고 바로 건강해지도록 돕고 싶다는 생각이 들었다. 그렇게 첫 주에는 만날 수 없었지만. 두 번째 주부터 본격적으로 코치과정을 듣게 되었고 놀라운 변화에 자신도 행복해지고 주변 분들까지 긍정적 영향을 받게 된다. 퇴원 이후 1개월이 지나 다시 한 번 병원에 가서 검사를 받게 되었고 결과는 이상 무.

너무나도 감사하고 행복한 순간이었다. 생각의 전환으로 건강이 회복되고 삶이 변화되었다.

김명현 코치님의 손에 땀이 나는 것은 지금 함께 트레이너 과정을 밟고 있는 황현희 코치님이 직접 긍정적 의도를 탐색하고 변화를 주었다.

긍정적 의도 탐색 그리고 변화

생활 NLP 트레이너 과정에 들어와 있는 황현희 코치님이 마침 긍정적 의도 탐색과 변화로 상담을 배우고 있었고 김명현 코치님은 손에 땀이 나는 것도 바꿀 수 있는지 여부를 물어봤다. 물론이다. 황현희 코치는 바로 긍정적 의도를 탐색했고 손에 땀이 나는 긍정적 의도는

'예뻐 보이고 싶고 인정받고 싶어 한다.'는 것이었다.

그렇다면 어떻게 해주면 예뻐 보이고 인정받는 것인지 물어 본다.

자기 손에 항상 예쁘다고 해주기, 사람들이 손이 예쁘다고 하면 감사함으로 받아들이기, 나 자신을 더욱 사랑하기로 방법이 제시되었고 그 자리에서 충분히 그렇게 경험하게 해주었다.

결과는 아주 놀라웠다. 가끔 악수를 할 때면 손에 땀이 느껴질 정도로 많이 나던 명현 코치의 손은 다른 사람들과 동일하게 변화되었고, 수개월이 지난 지금도 예쁘게 유지되고 있다.

그렇다, 정신과 육체는 하나의 체계이다. 그렇기에 육체에 일어나는 모든 현상에는 긍정적 의도가 있다. 손톱을 물어뜯는 것도, 코를 고는 것도, 특정부위가 계속 아픈 것도 다 긍정적 의도가 있다.

난독증(후천적)

글을 써야 하는데 글씨를 보기만 해도 울렁거린다. 그렇다면 글씨를 보기 싫어하는 나의 긍정적 의도는 무엇인가? 눈을 감고 호흡과 몸, 마음이 편안함을 충분이 느낀 후 물어본다.

글씨를 써야 하는 긍정적 의도는 무엇인지, 글씨를 보면 울렁거리는 긍정적 의도는 무엇인지……

놀랍게도 글씨를 보고 일을 하던 중 울렁거릴 정도의 스트레스를 받은 환경이 있었다는 사실을 알게 되었고 글을 써야 하는 이유는 조금 더 빠른 소통과 업무능력 향상을 위해서라는 것을 알게 되었다.

양쪽의 긍정적 의도에 감사를 표하고 이야기를 나누었다.

의식: 나는 글을 써야 생활이 더욱 편해질 것 같은데.

내면: 글을 보다가 또 상처받을까 봐.

(일에 집중하다가 들려온 충격적인 소식에 스트레스를 너무 많이 받은 기억이 있음.)

의식: 글을 쓰기 때문에 상처를 받았던 거구나?

내면: 아니, 꼭 그렇지는 않은데 일에만 집중하다가 그렇게 된 거잖아.

의식: 그럼 어떤 것에 집중을 더 하기를 원하니?

내면: 휴식시간에는 일이나 다른 사람들보다 나를 더 챙겼으면 좋겠어.

의식: 충분한 휴식을 원하는구나.

내면: 그리고 쉬는 시간에 행복하다고 이야기해줬으면 더 좋겠어.

의식: 그렇구나. 그럼 좋은 곳에 가서 좋은 것을 보고 행복하다고 이야기해주면 될까?

내면: 응, 그렇게 되면 좋겠다.

의식: 그런데 내 업무 특성상 일이 많은 것도 사실인데.

내면: 일을 할 때도 즐겁게 해줬으면 좋겠어.

의식: 즐겁게 하는 건 어떻게 하는 거야?(메타모델)

내면: 식사시간에도 좋다고 이야기해주고 직원들의 좋은 모습을 칭찬도 해주고 거울 보고 나 자신 칭찬도 해주고.

의식: 업무가 많아도 중간 중간 사랑한다고 표현해달라는 거지?

내면: 응, 고맙다고 이야기해줘.

의식: 알겠어. 그럼 되겠니?

그럼 긍정적 의도가 업무능력 향상인 분에게 이야기한다.

의식: 너는 어떻게 해주면 좋을까?

내면: 나는 시간이 될 때 업무를 빨리빨리 해결할 능력이 있었으면 좋 겠어.

의식: 그럼 무엇부터 시작하는 게 좋을까?

내면: 책을 조금 더 읽어야겠지?

이미 글 읽는 불편함은 사라지면서 활력이 생기는 것을 확인할 수 있다.

긍정적 의도 탐색과 변화 활용방법

자신에게 일어나는 불편한 현상을 찾는다.(비염, 축농증, 코골이, 눈병 등 스트레스 환경.)

내면에서 일어나는 생각들도 모두 긍정적 의도에서 나온다. 특정 스트레스가 몸에 미치는 영향을 앞에서 설명했듯이 긍정적 의도를 파악하면 질병도 트라우마도 금방 변화할 수 있다.

실제로 어깨통증을 아주 오래전부터 가지고 지내던 분이 이 방법을 통해 이틀 만에 통증이 사라진 사례가 있다.

"강사님, 저는 어깨 통증이 있었는데요. 그런데 강의를 듣고 이틀 동안 '그동안 많이 힘들었지? 미안하고 고마워. 이제 긴장 풀고 편하게 쉬어도 좋아.' 이렇게 이야기해주고 나서 거짓말처럼 통증이 사라졌습니다. 정말 신기하고 감사드립니다."

분야통합기법

빛과 그림자
짧은 시간 상담으로 무대 공포를 치유하다.

꿈이 있었다.

무대에 서는 모습, 사람들에게 감
동을 전하는 멋진 모습. 그러나 무
대공포증으로 무대에 설 수 없었다.
그리하여 무대공포증의 긍정적 의

도를 탐색해 보니 '완벽하고 싶다, 준비 없이는 아무것도 할 수 없다.'
등이었다.

무대에 대한 이미지는 검은 그림자였다.

그렇다면 이 그림자의 긍정적 의도는 무엇일까? 나의 잘못으로 무대
를 준비한 사람들에게 피해를 주면 안 된다. 그럼 완벽하려면 어떻게
해야 하는지를 물어보자 노력이라고 이야기 한다. 조금 더 철저하게
노력하는 것이라고……

그럼 그렇게 완벽하게 해서 얻고자 하는 것이 무엇인가를 물어보자
하나님께 영광을 돌리는 존재로서 사명을 다하는 것이라는 이야기를

한다.

"그럼 무대에서 사람들에게 예수님을 전하는 멋진 나의 꿈을 펼친다는 이미지는 무엇입니까?"

"빛이지요."

빛의 긍정적 의도는 훌륭한 스피커로써 많은 사람들을 구원과 희망의 길로 인도하고 싶다는 것이다.

그 사람들을 구원의 길로 인도해서 얻고자 하는 것이 무엇인가를 묻자 하나님께 영광을 돌리는 존재로서 사명을 다하는 것이라는 이야기를 한다.

이번에도 같았다. 결국 하나님께 순종하고 하나님을 전하는 삶에서 가장 큰 행복을 느끼는 것이다.

그렇다면 둘을 합쳐보라고 하자, 빛과 그림자의 합은 의외의 모습을 보여주었다.

양을 치는 목자의 지팡이가 떠올랐고 그 지팡이에는 그림자가 보인다는 것이었다. 그동안은 그림자가 없어야 한다는 생각을 했다고 한다. 하지만 아주 자연스럽게 빛과 그림자는 늘 함께하는 것이라는 것을 깨닫게 되었다. 무대에 올라가서 그림자에 덮여

숨이 막힐 것 같았던 공포가 자연스럽게 받아들여진 것이다. 그는 너무나도 신기해하며 돌아갔고 이렇게 편지를 보내왔다.

강범구 강사님께

　당신은 빠져 나갈 수 없는 질문들로 내 심장에 대고 물었습니다. 그것이 당신이 준비한 정화제였습니다. 오물로 가득 찬 호수에 정화제를 떨어뜨려 주었습니다. 그리곤 친절하게도 정화시키는 방법까지 알려 주었습니다. 전과 같이 부질없는 짓은 그만두고 내가 주는 정화제로 생각의 호수를 정결케 하라고 오물로 가득 찬 주인이라는 오명을 벗게 해 주시고 오물로 가득 찼던 호수를 정화시키는 능력의 주인으로 발돋움하게 만들어 준 강범구 강사님과의 만남을 감사하게 생각합니다. 잘못된 생각은 더욱 강렬하게 내 발목을 잡고 놓아 주지 않았던 것을 기억합니다. 강사님의 말씀대로 생각을 재창조하고 생각한 대로 꿈을 이루는 사람이 되고 싶습니다. 이제 꿈을 향해 제 자신을 쏘아 올립니다! 강사님 덕분입니다, 파이팅!!

알 수 없는 씨앗

5분 만에 치유된 고소공포증

　고소공포라는 이야기만 들어도 몸이 아프다는 한 분이 계셨다. 그로 인해 직장도 다닐 수 없었던 울산에 사시는 어느 작가분이었다.

　나 : 어릴 때 상처가 있으셨던 거예요?
　작가: 어릴 때 1미터 정도 되는 데서 떨어졌는데 그때 이렇게 낮은 데서 떨어졌는데도 이런데 더 높은 데서

168

떨어지면 하는 생각에 무서웠습니다.

나 : 높은 데 올라가지 못하는 긍정적 의도는 어떤 것이 있을까요?

작가: 조심하라고 하는 것 같아요.

나 : 보호해주는 거네요. 높은 곳에 올라가지 못하게 하는 자신의 이미지는 어때요?

작가: 움츠리고 있어요.

나 : 움츠리고 있는 것을 하나의 이미지로 만들면 어떤 이미지가 떠오를까요?

작가: 씨앗? 같은 이미지가 떠올라요.

나 : 그럼 자연스럽게 높은 곳도 가고자 하는 자신의 모습은 어떤 이미지일까요?

작가: 활짝 핀 꽃?

나 : 생각만 해도 좋으신가 보다.

작가: 가족과의 여행에서도 고가를 지나갈 때 비명을 지르거나 홀로 남겨져 야경 같은 것을 못 봤는데 같이 가서 보게 된다면 정말 좋을 것 같아요.

나 : 그럼 그 두 이미지를 합쳐볼까요?

작가: 그냥 꽃만 남았어요.

나 : 어떤 의미일까요?

작가: 그 씨앗이 꽃이었어요.

나 : 그럼 씨앗이 자라기 위한 필요한 통증이었네요.

작가: 그냥 두렵거나 조심해야 한다는 것이 나쁜 것이 아니라 당연한
거였네요.

나 : 멋지십니다.

1개월이나 지났을까? 그녀는 다리 위, 테라스 같은 곳에서 사진을
찍어 보내주었고 가족과의 여행에서 소리도 지르지 않고 아직 겁은 나
지만 높은 곳에 오르거나 건너가는 것이 가능해진 것이 너무 좋다고
감사 인사를 보내주셨다. 높은 곳에 오를 때 적당히 겁이 난다는 것은
정상이다.

하위감각양식 바꾸기

사람에게 일어나는 모든 감정은 개인별로 그 상황을 얼마나 크고 선명하게 만들어 놓았느냐에 따라 달라진다.

어두운 곳에 있었을 때 선명하게 두려웠던 기억은 성인이 되어서도 간직된다. 어두운 곳에 있을 때 일어났던 것들은 그 시간이 지나고 나면 아무런 의미가 없는데 계속해서 의미를 부여하고 힘들어하는 것이다.

사례 1

어릴 적 바퀴벌레는 나에게 그냥 곤충이었다.

그러나 더럽다는 이야기와 주변 사람들이 그것을 보고 소리 지르는 것에 놀라 지금은 보기만 해도 마음이 불편하다. 바퀴벌레 이미지를 떠올리면 정말 크고 무섭게 느껴진다.

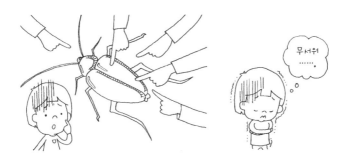

잠시 바퀴벌레를 아주 작게 상상한다. 그리고 귀여운 목소리로 무언가 이야기하는 것 같다.

무슨 귀여운 이야기를 하는지 상상해보자. 그리고 눈,코,입도 순정 만화의 주인공의 얼굴을 붙여보고 다시금 정상적인 크기로 만들어보자.

아직도 바퀴벌레가 두려운가? 아마 마음에 변화가 있을 것이다.

사례 2

트레이너 과정의 이준오 코치님은 하위 양식 바꾸기를 통해 지인들의 세일즈를 도와주고 있다.

자신을 큰 이미지로 만들어 상대적으로 고객들을 작게 보이게 하는 것이다.

이 방법은 실제 세일즈를 하는 사람들에게 자신감을 불어 넣어주었고 좋은 실적으로 이어지게 되었다.

계속 거절을 당하다 보면 상대적으로 작아지는 느낌을 무시할 수 없다. 자질이나 자신감이 부족한 것이 아니다. 기억하라, 내가 만들어 놓은 이미지가 그렇게 느끼게 했다는 사실을……. 누구나 떠오르는 이미지만 바꾸어도 환경을 자신이 원하는 대로 느끼게 할 수 있다.

활용방법

생각만 해도 불편한 상황을 상상한다. 시각, 청각, 촉각, 후각, 미각을 총동원한다. 그리고 가장 강하게 느껴지는 것이 5감 중 어떤 것인지 확인한다. 확인한 감각을 자유자재로 멀어 보이거나 작게 들리게 조율해보고 잘 조절하면서 자신이 불편해하던 것들을 편안하게 내려놓을 수 있는 시간이 되기를 기대해본다.

은유를 활용한 상담기법

소라를 도와줘

밀턴 에릭슨은 '은유와 치료'에서 다음과 같은 사례를 들고 있다.

밀턴이 집에서 한 발자국도 나오지 않던 한 아이의 집을 방문했다. 집에는 소라가 여러 개 보였고 아이는 소라를 무척이나 좋아하는 듯 보였다.

밀턴: 너는 소라를 좋아하는구나?

아이: 네, 소라는 파도 소리도 들려주는 제 친구예요.

밀턴: 내가 아는 어린 소라가 있는데 돌 틈으로 들어가서 나오려고 하지 않는데 바다 물이 빠지고 있어 물이 없어도 소라가 살 수 있니?

아이: 아니요, 물이 없으면 소라는 살 수 없어요.

밀턴: 그럼 그 어린 소라가 왜 거기에 들어가서 안 나오는 걸까?

아이: 글쎄요. 겁을 먹은 것 같아요.(아이는 자신의 생각을 이야기한다.)

밀턴: 어떤 것 때문에 겁을 먹었을까?

아이: 엄마 아빠가 큰 소리로 싸우는 것에 겁을 먹은 것 같아요.

밀턴: 그럼 그 아이를 어떻게 하면 도와줄 수 있을까?

아이: 엄마 아빠가 다정한 모습으로 "앞으로는 안 싸울게 같이 나가
자."라고 이야기를 해줘야 해요.(무의식적으로 자신이 원하는 방법을
이야기한다.)

밀턴: 그렇구나. 엄마 아빠가 서로 사이가 좋기를 원하는구나. 알겠다.
그럼 그렇게 이야기 해줄게, 고맙구나.

이렇게 상담은 끝났고 부모님은 아이에게 부부관계가 좋다는 모습을 보여주고 아이에게 사과를 했고 아이가 밖으로 나가게 되었다는 이야기이다.

대인관계, 소스가 중요해

대인관계가 어렵다는 분을 만났다.

대인관계를 어려워하는 이유는 자칫 자신의 단점을 먼저 보고 자신을 함부로 여기게 될 것에 대한 두려움이 있다고 한다.

강범구: 좋은 대인관계를 가져 보신 적은 있으신가요?

내담자: 네, 물론 있습니다.

강범구: 좋지 않은 대인관계를 가져 보신 적도 있으신가요?

내담자: 네.

강범구: 그렇다면 치킨으로 치면 결과가 양념 반 후라이드 반이네요?
나는 그냥 후라이드를 먹고 싶은데 양념이 묻어나올 때도 있다는 거죠?

내담자: 네, 그렇습니다.

강범구: 상대방이 자신의 단점을 먼저 보면 어떻게 되나요?

내담자: 나를 있는 그대로 보는 게 아니라 색안경을 끼고 보죠.

강범구: 그렇다면 좋은 대인관계인 사람에게 단점이 보인다면 어떻게
되나요?

내담자: 그렇다면 웃어넘길 일이 되죠.

강범구: 그렇게 먼저 양념이 묻어 버리면 먹지 못하고 버려야 하나요?

내담자: 아뇨. 그 양념은 잘만 하면 더 맛있게도 먹을 수 있겠는데요.

강범구: 네, 양념을 더욱 맛있게 먹을 수 있는 방법은 무엇입니까?

내담자: 단점부터 보고 안 좋게 보았어도 장점을 알게 되면 더욱 매력
있는 소통이 될 것 같습니다.

강범구: 대단하시네요. 멋진 마인드 이십니다.

(중략)

 ....

은유는 항상 자기 자신을 객관화해서 볼 수 있고 자신이 떠올리는 원하는 이미지에 초
점이 맞추어 자신의 삶을 매우 긍정적이고 힘 있게 바라볼 수 있도록 도움을 준다.

타임라인 활용

과거부터 현재, 그리고 미래까지 바닥에 숫자를 적어두거나 특정한 거리를 정하고 현재에 서 있다.(양 옆으로 길게 탄생 – 현재 – 미래, 그리고 과거에 상처가 있다면 그곳으로 가서 상황을 설명하는 것이 아니라 상처받은 그 아이를 달래주면 내면아이의 치유가 되기 시작한다.)

예1 네 잘못이 아니란다.

예2 많이 아프고 힘들었겠다. 내가 계속 함께 해줄게. 이제는 괜찮아

예3 아픈 만큼 많이 성장하는 시간이었단다. 고맙다

또한 미래에 가장 만족스러운 모습으로 가서 어떤 활동을 누구와 하고 있는지를 충분히 떠올리고 가슴 벅찬 감동과 성취를 미리 경험한다. 그리고 현재의 나에게 해주고 싶은 이야기가 떠오르면 이야기한다.

예1 지금 환경이 다 나를 만들어주었어. 환경에 스트레스받고 힘들어하기보다는 즐겨도 좋을 것 같아.

예2 지금 환경이 신의 한 수였어.

예3 할 수 있어. 넌 항상 최고의 선택을 했고 참 잘 즐겨주었어. 흔들

릴 때도 있었지만 그때마다 더욱 성장할 수 있는 시간이 되었네.

　그리고 다시 현실로 걸어와 지금 해야 할 일을 떠올리고 시작하면
된다.

모델링 – 원하는 삶을 가지고 오다

　내 자신에 대한 미래 모델링을 해보자. 모든 자원은 이미 있거나 새로이 창조할 수 있다.

　그와의 인터뷰에서처럼 상상할 수 있다는 것은 주기 위해 보여주는 이미지라는 것을 기억하기를 바란다.

　자신이 원하는 삶을 살고 있는 자신의 모습을 오감을 활용해 생생하게 상상해보자. 마치 그곳에 있는 것처럼. 그리고 그 모습으로 살고 있는 자신의 모습 속으로 들어가 충분히 성취를 느껴보기를 바란다. 그 상태에서 내가 무엇을 좋아하는지 어떤 일을 하고 있는지 구체적으로 생각하고 지금의 내가 늘 창의적인 아이디어와 방법을 알게 해달라고 부탁한다. 그러면 이내 나는 그 모습을 닮아 갈 것이고 그 변해가는 과정도 충분히 행복하고 감사한 일상이라는 것을 느끼게 될 것이다.

　평행이론에 따르면 우주 어딘가 다른 시간 다른 모습으로 살고 있는 내가 있다.(그분과의 인터뷰에서 그분은 과거에도 현재에도 미래에도 계신다고 했다.) 즉 우리도 현재, 과거, 미래에 모두 살고 있는 모습이 있는 것이다. 그렇다면 상상은 무엇이고 어디에서 오는가?

　그가 주려고 준비한 선물이라면 이미 우주 어딘가 다른 시간 속에 나는 그 모습을 하고 있는 것은 아닐까? 그 모습을 구체적으로 상상해서 동일시시키면 양자물리학에서 이야기하는 것처럼 공간과 거리 상관없이 자극에 동일하게 반응하는 전자와 같이 나에게 그 모습이 되는 과정의 자극을 보내준다는 것인데 그것을 선물로 받으면 당연히 모델링해 놓은 것은 현실이 되는 것이다.

지각의 위치

아래에 제시한 것을 따라 해보자.

— 의자를 3개 준비한다. 자리에 앉아서 상대방과 대화를 시도한
  다.(1인칭 시점)
— 이제 상대방이 앉았던 자리에 앉아서 그 사람이 했던 이야기를
  한다.(2인칭 상대시점)
— 남은 한 자리에 앉아서 둘의 이야기를 들어본다.(3인칭 관찰자 시점)
— 그 환경을 미래의 성공한 나에게 지금 상황에서 무엇을 배우기
  원하는지 생각해 본다.(4인칭 미래시점)

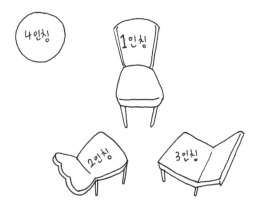

내담자: 식당을 운영하는데 정말 마음에 안 드는 고객 때문에 스트레스가 이만저만이 아닙니다. 너무 억지를 부려요.

나 : 스트레스를 많이 받으셨겠네요. 그럼 자신이 했던 이야기들을 1인칭 시점의 의자에 앉아서 해보시겠어요?

내담자: 어서 오세요, 또 오셨네요. 오늘은 어떤 것을 드릴까요? 계란말이 반이오? 그렇게는 안 하는데요. 죄송합니다. 반은 해드리기가 어려워요. 다른 가게가 그렇게 한다면 그리 가시지 왜 저한테 와서 그러세요. 1인분 해드릴게요. 반만 드시고 가셔요, 그럼.

나 : 이제 그 사람이 한 이야기를 직접 2인칭 상대시점으로 이야기해보시겠어요? 그 사람이 했던 이야기를 선생님(내담자)께서 직접 해보시는 겁니다.

내담자: 안녕하세요. 여기 자주 오게 되네요. 근데 오늘은 배가 불러서 그런데 계란말이 반만 시켜도 될까요? 먹고는 싶은데 하나는 너무 많은 것 같아서요. 다른 데는 그렇게들 하던데 그냥 해주세요. 자주 올게요. 다른 곳으로 가다니오? 식당이 없어서 여기 오는 게 아니라 이곳 계란말이가 맛있어서 오는 건데 서운하게 말씀하시네요. 제가 여기 한두 번 온 손님도 아닌데.

나 : 느낌이 어떠신가요?

내담자: 속이 상했을 수도 있겠네요. 저희 음식이 좋아서 왔는데 그래도 그렇게 억지를 부리는 손님 다 받아주면 어떻게 장사를 합니까? 저런 사람들은 어디에서도 반기지 않을 거예요.

나   : 그럼 3인칭 관찰자 시점으로 두 분의 상황을 한번 들여다보세요.

내담자: 음. 단골손님인데 내가 너무 했나 싶기도 하구요. 저 사람이 오죽하면 반만 달라고 할까 싶기도 하네요.

나   : 그럼 잠시 일어나셔서 식당을 해서 돈도 많이 버시고 행복하게 살고 계시는 미래의 자신에게 지금의 상황은 어떤 것을 얻었다고 이야기하나요?

내담자: (잠시 시간이 흐른 뒤) 오히려 손님들의 성향에 맞게 알아서 조절하면서 식당을 운영하면 마음 맞는 단골들이 붐비는 식당의 대표가 되어 있겠네요. 어디에서도 반기지 않을 사람들이기에 어쩌면 더욱 저희 가게에 더욱 애착을 갖고 찾아 주시겠네요.

나   : 멋지십니다. 앞으로 어떤 음식점이 될지 벌써부터 기대가 되는데요?

내담자: 늘 상대방의 입장에서 생각해 봐야 한다는 것은 알고 있었지만 쉽지 않았습니다. 그런데 대표님 말씀 듣고 나니 정말 오히려 그분들이 저에게 기회였네요, 감사합니다.

그렇다. 모든 환경은 나를 위해서 일어나는 것이다.

원하는 삶으로 나아가는 6단계

1단계 — 미래에 대한 정확한 목표와 실천사항을 정한다

목　　표: 63kg으로 감량, 몸짱, 대중 앞에서 자신 있는 강사, 언제 어
　　　　디서나 자기관리 잘하는 강사. 인정받는 동기부여 전문가.
　　　　자신감 넘치는 사람.

실천사항: 밀가루 음식, 튀김, 술 일체 먹지 않을 것, 6시 이후 야채와
　　　　물 이외의 음식을 먹지 않을 것.

**2단계 — 지렛대의 원리를 이용하라. 실행하지 않고는 못 배길 만한 것을
　　　　정해놓는 것이다**

예 이것도 지키지 못하면 지금 그린 원대한 꿈은 사라지고 아마 별
　　볼일 없이 남들 이야기나 하면서 살게 될 것이다.

3단계 — 잘못된 패턴을 원하는 패턴으로 바꾸어라

목표를 이루는 데 있어 친구들과의 약속, 각종 모임, 좋아하는 술과
음식, 사람이 큰 걸림돌이었다. 그동안 그런 것들에 너무나도 많은 의
미를 부여했다. 이젠 모임에 참석해 모두가 다 먹고 있는 자리에서 나
는 물을 마시며 오히려 목표를 이루어간다는 성취감을 느낄 수 있는

패턴으로 바꾸었다.

4단계 — 활력을 주는 대안을 만들어라

목표를 이루어가며 건강해진 자신의 이미지를 만들어 놓는다. 건강하고 자신감에 차 있는 자신을 확인함으로써 나는 잘하고 있다고 확신이 들게 하는 것이 도움이 된다.

마음의 갈등이 시작하면 기분 나쁜 느낌이 옆에 다가 오지만 그럼에도 멋진 몸매, 건강한 나를 떠올린다면 오히려 안 먹는 내 자신이 사랑스럽고 즐거워진다.

5단계 — 칭찬과 선물 타이밍이 중요하다

칭찬은 고래도 춤추게 한다고 했다. 돌고래는 혼을 내면 물 밖으로 나오지 않는 습성을 가지고 있다. 칭찬을 좋아하는 돌고래는 보상까지 있을 때 더욱 더 노력한다. 10번에 칭찬과 한 번의 보상을 주면 돌고래는 9번은 대충 뛰고 마지막 1번에 최선을 다한다. 그렇다면 5번의 칭찬과 한 번의 보상을 주면 어떨까? 4번은 대충 뛰고 1번을 노력한다. 그렇다면 계속 보상을 해주면 어떨까? 계속되는 보상에는 돌고래가 최선을 다하지 않는다. 돌고래 조련사들이 알아낸 사실은 보상을 무작위로 주는 것이다. 그러면 언제 보상이 나올 줄 모르기에 계속해서 노력한다는 것이다.

내 잠재의식은 내가 나를 칭찬할 때 그 상황을 본다. 몸짱이 완성이 되었을 때가 아닌 매일매일 노력하고 있는 자신을 칭찬하고 때로는 잘하고 있다고 보상을 자신에게 해주는 것이 중요하다.

칭찬 타이밍: 행함이 있을 때마다 칭찬할 것.

선물 타이밍: 정하지 않고 선물할 것.

6단계 ― 미래모델링

잘 이겨내는 자신의 모습부터 그것을 다 이루고 행복하고 건강한 삶을 누리는 자신의 모습을 상상하라. 그리고 몇 번이고 다시 돌려 보는 것이다. 건강해진 패턴이 앞으로 내가 하고자 하는 모든 일에 큰 시너지를 내줄 것이다.

원하는 삶으로 나아가는
6가지 단계를 적어보자

꿈을 이루는 8단계

1단계 — 이루고 싶은 목표를 구체적이고 정확하게 정하라

🗨 강남, 야경이 멋진 곳에서 나만의 특화된 NLP 강의로 전문가를 양성하는 강사, 긍정적이고 힘 있는 소통을 할 수 있는 모임의 대표.

2단계 — 목표를 이루었다는 것은 어떻게 알 수 있는가

강남에, 야경을 보려면 최소 5층 이상의 강의실이 있어야 하고 내가 양성한 강사들이 북적거리는 모습을 보면 알 수 있다. 긍정적이고 힘이 있는 모임 활동이 구체화되어 모임 이름이 정해지고 활동이 시작되고 그곳의 구성원이 서로를 위한 소통을 하고 있는 모습을 보면 알 수 있다.

3단계 — 그것은 언제, 어디서, 누구와 만들 것인가

2016년, 강남, 마음 맞는 긍정적이고 도전을 즐기는 사람들.

4단계 — 그것을 이루게 되면 나와 주변 사람들에게 어떠한 영향을 미치는가

나는 성취감과 자신감이 생기며, 주변 사람들에게 더 큰 도움이 될 수 있다. 그리고 앞으로의 미래에 대한 기대도 더욱 커지고 함께 할 즐

거운 일들도 많아진다.

5단계 ― 그것을 이루기 위해 내가 이미 가지고 있는 자원과 새로이 창조
　　　해야 하는 자원은

나는 나만의 생활 NLP 콘텐츠를 가지고 있다. 주변에 나의 건강한 생활 태도와 강의를 인정해주는 사람들이 늘고 있고, 강의나 개인적 상담으로 인한 변화 사례가 늘고 있다.(우울증, 트라우마, 각종결핍 등). 새로이 창조해야 하는 것은 체계적인 강의 내용과 경험이다.

6단계 ― 그것을 이루는 데 방해가 되는 것은 어떤 것인가

아직은 강사로서의 경험도 조금 부족하고, 다소 어린 나이로(?) 삶에 대한 경험도 부족하다. 개인만의 프로그램은 있어도 그 프로그램을 집필한 저서가 없다.

7단계 ― 그것을 이루는 것은 나에게 어떠한 의미가 있는가

사람들이 즐겁게 사는 상상을 한다. 하고 싶은 일을 즐기며 재미있고 건강한 이야기들로 대화를 하고 서로 고마워하는 감사하는 삶, 그리고 길거리에 노숙자가 없는 삶, 지금의 프로그램을 잘 활성화하여 노숙자와 가난한 사람, 병들어 있는 사람들에게 그 힘을 전하고 싶고 나와 내 가족 역시 사랑과 감사가 넘치는 삶을 함께 살고 싶다.

8단계 ― 무엇부터 시작해야 하나

지금처럼 긍정적인 상상으로 사람들과 소통하고 나의 강의에 핵심이 될 만한 스토리를 책으로 만들어야 한다. 나이가 어리고 경험은 부족하지만 창의적인 이야기를 할 수 있다.

이 책을 독자 분들이 읽고 있다면 나는 이 8단계를 거쳐 꿈을 이룬 것이다.

꿈을 이루는 8단계를 적어보자.

마음동기부여 6단계

1단계 ─ 문제의 환경

글을 빨리 써서 세상에 알리고 싶은데 집에서는 가족을 돌봐야 한다는 생각에 가족과 TV를 보거나 아이와 놀아주는 시간을 보낸다.

2단계 ─ 어떤 행동을 하는가

집에서 글을 쓰지만 아내와 아이에게 미안하고 눈치가 보인다. 그리고 아내가 집에서까지 일을 하는 모습을 원하지 않는다. 따라서 집중해서 글을 잘 쓸 수 있는 공간을 찾는다.

그 공간에서 집중해 글을 쓰고 그 시간 동안 기다려 준 가족에 감사하며, 조금 더 나은 환경 풍요로운 환경에서 가족과의 시간을 더욱 자주 가질 것이다. 또한 주변에 함께하는 모든 분들에게 좋은 에너지를 전할 수 있을 것이다.

3단계 ─ 나에게 있는 능력은

내 강의를 들은 사람들이 변화된 수없이 많은 사례들과 내가 경험한 사례들, 그리고 강의를 내용이 좋다는 이야기를 듣는다. 나는 사람들과 소통을 잘할 수 있는 소통전문가이다.

4단계 — 나의 가치관과 신념은

나는 글을 써서 내 프로그램을 더욱 더 많은 대중에게 알리고, 독자들에게 조금이라도 도움이 되길 바라며 그 책으로 인해 나 또한 성장할 것이라고 믿고, 오늘보다 나은 내일을 살 것이라는 신념과 가치관을 가지고 있다. 사람을 사랑으로 품고 돕는 것이 서로에게 큰 시너지가 난다는 신념을 가지고 있고 나의 가치관은 품을 수 있는 자가 최고의 리더가 된다.

5단계 — 나의 정체성은

대한민국 최고의 동기부여 전문가.

6단계 — 그분이 계시다면 내가 어떻게 살기를 원하실까

예수님을 믿는 나는 예수님의 무한한 사랑을 믿는다. 나는 하나님의 "네 이웃을 사랑하라."라는 말씀, "구하라, 찾으라, 두드려라. 구하는 이마다 얻을 것이요, 찾는 이마다 찾을 것이요, 두드리는 이에게 열릴 것이다."라는 말씀에 순종하고 그 믿음으로 살 것이다.

마음동기부여 6단계를 적어보자.

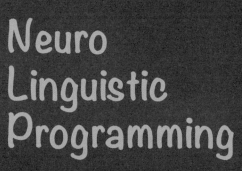

Neuro
Linguistic
Programming

제4장

마인드 프로그램

1 들어가기 전에

벤저민 리벳Benjamin Libet이라는 저명한 신경생리학자는 뇌전도(뇌신경 세포의 전기 활동을 그래프로 기록한 그림) 기계를 통해 의식적인 의지가 생기기 전에 이미 두뇌 활동이 일어난다는 것을 밝혀냈다. 이를 근거로 반응은 무의식으로부터 비롯되며 의식적인 인지단계는 그 다음이라는 추론을 내렸다.

벤저민 리벳은 "움직이려는 의지는 실제 동작이 시작되기 전 5분의 1초 먼저 일어나지만 두뇌상의 파동은 그 의지보다 3분의 1초 앞서 나타난다는 것을 발견했다."라고 하였다.

예를 들면 이런 것이다.

사람은 위험을 감지하면 무의식적으로 피하게 된다. 그 반응은 무의식이 한 것이다. 그 상황을 알아차리면 다행이라고 말할지 화를 낼지는 의식적으로 선택할 수 있다는 사실을 알게 되었다. 행동하려는 의지가 무의식적으로 나타나는 것은 의식적으로 통제가 불가능하다. 오직 마무리 단계에서만 의식의 통제를 받는다.

통제가 어렵다고 생각하는 무의식적 반응을 적어보자.
예를 들면 '운전 중 끼어든 차에 신경질이 난다.' 이다.

이 프로그램은 '마인드 프로그램'이다. 마인드가 프로그램된 것이고 또 원하는 모습으로 프로그램도 얼마든지 할 수 있다는 것을 발견해 많은 사람들에게 쉽고 빠른 변화의 힘을 실어주는 것이다.

컴퓨터처럼 사용 방법을 알고 개인의 프로그램 언어를 바꾸면 자신을 자신이 원하는 상태로 얼마든지 만들 수 있을 것이다.

다음은 사람의 오감을 프로그램화한 것이다.

시각, 청각, 미각, 후각, 촉각을 적어보자.

 ....

5가지 감각을 훈련하며 내가 좋게 혹은 나쁘게 느끼도록 프로그램되어 있는 것을 알아차리면 오감이 열려 내가 나를 위해 알아야 할 것들을 보다 효과적으로 볼 수 있도록 돕는다.

시각 : '본다.'를 통해서 떠오르는 것들은 무엇인가?
예) 비가 온다 → 공포영화

청각 : '듣다.'를 통해서 떠오르는 것들은 무엇인가?
예) 버스커 버스커의 '벚꽃엔딩' → 전 여자친구

미각 : '맛보다.'를 통해서 떠오르는 것들은 무엇인가?
예) 두부김치 → 대학 동아리방

사람은 세상의 문화 혹은 조상 대대로 이어진 정신과 가치관이 무의식적으로 프로그램되어 있는 존재로 태어난다. 그렇게 태어나 세상을 경험하면서 얻어지는 것 역시 무의식으로 프로그램이 된다. 그렇기에 하버드 경영대학원의 제럴드 잘트먼Gerald Zaltman 교수는 "인간의 사고 중 95%는 무의식에서 발생한다."라고 이야기하기도 한다. 그렇게 무의식에 자신도 모르게 프로그램을 해두고 '난 원래 이런 사람이야!'라고 정의를 하기도 한다. 하지만 95%라는 말에 희망이 있다가 5%의 의식의 개입이 가능하다는 것과 그 의식적 개입이 내 무의식을 새롭게 프로그램할 수 있다는 것이다.

칼 구스타프 융의 분석심리 이론에 따르면 인간은 무의식영향을 받는다. 하지만 의지에 의해 변화가 가능한 존재이다. 융은 외부를 바라보는 자는 꿈을 꾸고, 내면을 바라보는 자는 깨어난다고 했다.

이 프로그램을 통해 변화하는 데 걸리는 시간은 어느 정도일까? 생각이 대뇌피질에서 뇌간까지 내려가는 데 걸리는 최소한의 시간은 21일이다.

생각이 한번 자리를 잡으면 무의식의 반응이 달라지기 시작한다. 마인드 프로그램 사용 방법을 알면 변화는 당일부터 시작이며 21일 이후에는 원래 그랬던 사람처럼 반응하기 시작한다.

여기에서 꼭 인지하고 가야 할 부분은 힘을 주어 노력하거나 태도를 바꾸기 위해 스트레스를 받을 필요가 없다는 것이다. 내부 프로그램을 바꾸는 것이지 환경을 바꾸는 것이 아니기 때문이다. 물론 환경을 바꾸려 한다면 어쩌면 죽을 때까지 다 바꾸지 못하고 스트레스를 받을 것이다. 하지만 내면을 바꾸기 시작하면 환경이 저절로 내가 원하는 대로 바뀌는 것을 경험하게 될 것이다.

습관으로 만들고 싶은 행동은 무엇인가?
예) 운동하는 습관

2

어떻게 프로그램할 것인가

본격적으로 마인드 프로그램을 하기 전에 가볍게 워밍업을 해보자.

자기 자신이 의식적 혹은 무의식적으로 프로그램해 두었던 것을 모두 내려놓자. 그렇게 되면 감사와 사랑이 넘치기 시작하는 것을 생각보다 빨리 만날 수 있을 것이다.

그렇다면 이런 과정을 어떻게 프로그램할 것인가?

내면을 바꾸는 프로그램

불편한 환경을 알아차리고 자기 자신의 내면을 새롭게 프로그램하면서 문제로 바라보던 것들을 아주 창의적이고 획기적으로 바라보며 기회로 만들 수 있다는 사실을 알게 되었다. 예를 들어 짜장면, 짬뽕의 선택 앞에 고민하면서 스트레스를 받는 사람들을 바라보며 짬짜면이라는 메뉴를 만들어 낼 수 있는 것이다.

외부를 바꾸는 프로그램

마음에 안 드는 사람들에게 자기 자신이 가지고 있는 학식과 지식을 총동원해 상대방을 변화시켜주려고 한다. 내 말을 들으면 그 사람에게 큰 도움이 될 것이기 때문이다. 그러나 그 사람이 마음에 안 드는 행동을 할 것이라고 프로그램되어 있는 것이 나라는 사실을 알아차리지 못하면 사람들이 바뀌어야 한다고 생각하는 부분이 보일 때마다 스트레스를 받고 변하지 않는 환경에 스트레스를 받게 될 것이다.

마음에 안 드는 사람들을 바꾸어 놓거나 그를 피해 내가 알고 있는 방법으로 상대방을 내 식으로 보기 좋게 바꾸어 놓기 시작하면 세상을 있는 그대로 바라볼 수가 없다. 자신이 있는 그대로가 아닌 자신이 원하는 것만 보겠다고 프로그램한 것은 많은 부분이 왜곡되기 때문이다.

 ....

마음에 들지 않는 것을 찾았는가? 그리고 그것을 싫어하게 프로그램해 놓았다는 사실을 알아차렸는가? 그렇다면 바로 내면을 바꾸는 프로그램을 시작하라. 자신의 무한한 잠재능력이 깨어나기 시작한다.

내가 속상해하거나 기분 나빠 하는 상황을 알아차린다.
예) 운전 중 다른 운전자에 대한 배려가 없는 난폭 운전
　　자를 보게 되면 '화'가 난다.

기분이 나빠지면 알아차리고 있는 그대로 바라본다.
예) 난폭 운전자를 보면 기분이 나빠지게끔 나 자신을
프로그램해 놓았다는 것을 깨닫게 된다.

알아차렸다면 그런 자기 자신을 인정하자.

외부에 변화해야 한다고 생각하는 것들을 적어보자.
예) 부모님의 말투

3

상상이 현실이 되는 과정

부모와 자녀

부모의 시각

여기 딸을 가진 부모가 있다고 치자. 세상의 모든 부모가 그렇듯 부모는 험난한 세상에서 딸이 살아갈 생각만 하면 걱정이 커지기만 하다. 그리하여 이 험한 세상에서 딸을 지키기 위해 최선을 다한다. 통금시간도 저녁 10시로 정했다. 그런데 어느 날 귀한 딸이 밤 11시가 넘어가도 오지 않는 것이다. 연락도 없고, 전화를 해도 연결이 되지 않는다. 그러다가 다음과 같은 무의식적 반응까지 하게 된다.

◆ **무의식적 반응** : 연쇄살인사건, 폭력, 경찰서, 인신매매, 임신 등 불편한 이미지.

이러한 무의식적 반응 때문에 원하지 않는 상상에 빠져버리게 된다. 불편한 생각이 도움이 되지 않는다는 생각을 깨닫지 못하면 겁이 나고 두렵고 떨린다. 그러다 딸에게서 전화가 걸려온다. 전화를 받으면서도 걱정이 되고 두렵기까지 하다. 그리고 이윽고 들려오는 딸의 목소리.

"엄마, 나 친구 집에서 과제하다 잠들었어. 미안, 전화 많이 했었네. 너무 늦어서 무섭다. 나 좀 데리러 와 줄 수 있어?"

"세상이 어떤 세상인데, 이렇게 늦게까지 너 어쩌려고 그래! 또 한 번만 더 그러면 혼나! 얼마나 걱정했는지 알아?"

그날 이후에는 부모의 성화가 더 심해진다. 10시가 되기도 전에 전화를 하고 걱정을 한다.

"너 어디야? 빨리 안 들어와? 걱정하는 사람 생각은 안 해?"

좀 늦는다고 미리 전화를 해도 절대 안 된다고 할 것이다. 정당한 이유를 말해도 절대 반대를 외치며 부모를 속이지 말라고까지 이야기할지도 모른다. 결국 무서운 세상으로부터 자식을 지켜주고 싶은 부모의 마음이다.

그렇다면 딸의 입장은 어떨까?

딸의 시각

부모님이 자신을 사랑한다는 것은 안다. 하지만 나를 너무 억압한다. 걱정하는 것은 좋은데 도가 지나치다. 요즘 세상에 통금시간이 있고, 그 시간이 10시인 집이 어디 있단 말인가? 그리고 8시만 돼도 전화가 오는데, 잘못한 것도 없는데 덜컥 겁이 나고 기분이 나쁘다. 지긋지긋한 잔소리에 집을 떠나거나 집에서 부모와 말싸움을 하게 되는 무의식적인 불편한 상황이 자연스럽게 떠오른다. 상상에 빠져버리는 것이다. 그럼 늦게 들어갈 구실을 찾게 되고 계속해서 대립이 되게 된다. 그러던 어느 날 자포자기 심정으로 친구들과 늦게까지 술을 마시고 전화도 안 받았다. 문득 정신을 차리니 집에서 수십 통의 전화가 왔었고 시간도 통금시간을 한참 넘었다. 그리하여 일어나지도 않은 일을 상상하게 된다.

◆ 첫 번째 상상

부모님: 엄마 아빠가 말하지 않았니? 일찍 일찍 다니라고 했잖아!

딸 : 죄송해요. 이렇게 될 줄은 몰랐어요.

◆ 두 번째 상상

부모님: 그러게 내가 뭐라고 그랬어? 일찍 일찍 다니라고 했잖아!

딸 : 잔소리 좀 그만해. 지긋지긋해!

결국 무의식적 불편한 상상에 빠지게 되면 무의식적으로 그 상황을 만들고 싶어 반드시 반응하게 되고 이내 그것은 현실을 만들어 낸다.

연인 사이

여자의 시각

저녁시간 친구들과 가볍게 한잔 하고 들어간다는 남자친구가 저녁 10시경 전화를 하니 벌써 취해 있다. 그래서 그만 마시고 일찍 들어가라고 타이르자 그렇게 하겠다고 하며 집에 가서 전화한단다.

전화를 끊었지만 무척이나 불편하다. 누구랑 마시다 이렇게 취한 거야, 여자랑 있나 등등 무의식적 불편한 생각이 떠오르고 상상에 빠지게 된다.

11시가 넘어가도 집에 도착했다는 전화가 없자 전화를 했지만 받지 않는다. 그리하여 머릿속에 온갖 불편한 상상이 돌아다닌다. 전화를 10번~20번 계속하고 문자를 남긴다. 화가 나지만 문자로는 걱정되니까 '연락 줘.'라고 보낸다. 그러다가 전화가 오면 버럭 화를 내게 되고 약속을 왜 안 지키는지 계속 이야기를 한다. 그러면서 다른 여자 생겼느냐는 불평을 통해 자기 자신이 얼마나 기다렸는지를 알린다.

남자의 시각

오랜만에 친구들을 만났는데 기분이 너무 좋다. 즐겁게 한잔 마시는데 여자 친구가 전화를 해서 바로 들어갔으면 한다며 이야기한다. 친구들에게 이야기를 하고 자리를 뜨려는데 조금만 더 마시고 가라고 해서 30분 정도 더 마시고 여자 친구도 걱정하니 도망 나오듯 빠져나왔다. 그리고 지하철을 타고 가던 중 잠이 들었고 일어나 보니 여자 친구 전화가 20번도 넘게 와 있다. 무슨 일인가 싶어 바로 전화했더니 걱정했다고 한다.

미안하다고 이야기했는데 누구랑 있었는지 사실대로 이야기하라고 해서 친구 누구누구랑 있었다고 이야기하니 정말이냐고 물어본다.

한두 번도 아니고 계속해서 나를 의심하는 여자 친구한테 조금 서운하기도 하다. 그 사실을 주변 친구들과 나도 모르게 이야기를 하게 되고 친구들에게 '엄청 구속이 심하네, 어떻게 그렇게 만나?'라는 이야기를 듣고 무의식적 반응이 일어난다.

'아, 내가 구속받고 있구나.' 하고 생각하니 몹시 불편하다. 따라서 그

동안에 했던 말들이나 걱정 관심들이 모두가 나를 구속했다고 상상하며 그 생각에 빠져들어 버린다. 그리고 다른 여자 친구들과도 스스럼 없이 만나게 되고 자연스럽게 여자 친구와의 이야기를 상담하다가 바람이 난다.

부부 사이

아내의 시각

남자는 외제차를 타면 바람을 핀다는 신념을 가지고 계시는 여성분이 계셨다. 어느 날 남편이 회사에서 외제세단을 끌고 오며 승진과 함께 선물로 회사에서 받았다고 너무너무 기뻐한다. 그러자 여자는 무의식적으로 불편함이 찾아오고 내면에 소설을 쓰게 된다. '여자나 태우고 다니면서 바람을 필 거야.' 그러면서 남편의 일거수일투족을 간섭하기 시작했고 관리를 하면서 지냈다. 몇 개월 이후 남편은 이혼을 요청했고 여성분은 역시 외제차를 타면 바람을 핀다는 것이 사실이라며 눈물을 훔친다.

남편의 시각

어느 날부터인가 아내가 이상하게 잔소리가 많아졌고 사사건건 시비를 걸어서 일하는 것도 쉽지 않은데 인정은커녕 불평불만만 늘어놓는다. 계속해서 듣기도 하고 싸워보기도 하고 상담을 통해 풀어보려고도 했지만 이대로는 숨이 막혀서 살 수가 없다.

···

　사람은 보는 대로 믿고 있다고 생각하고 있지만 믿는 대로 환경을 보고 또 그 환경을 현실로 만들기도 한다.

　일반적 상상은 무의식적 반응에 의해 현실을 만들어 간다.

주변 사람들과 연락이 되지 않을 때 나의 반응을 적어보자.
예) 아내가 전화를 받지 않는다 → '집에 무슨 일이 있나?'
하면서 걱정을 하게 된다.

4
무의식적 프로그램에 반응하기

다이어트를 시작하며 오늘 저녁부터 굶어야지 하는 생각을 하면 잠재의식은 오늘 저녁에 굶고 있는 모습을 그려내고 거짓말처럼 금방 배가 고파진다. 그래서 오히려 폭식을 하고 스스로 건강을 해치는 일을 만들어낸다.

배가 고플 때는 '내가 배가 고프구나.'라는 것을 첫 번째로 알아차리는 것이 가장 중요하다. 그 뒤로는 무엇이 먹고 싶은지도 알아차리면 도움이 된다. 그리고 먹고 싶은 음식이 떠오르면 먹는 상상을 하고 또하고 또 한다. 그럼 다 먹었을 때 내가 또 후회하고 있는 모습이 자연스럽게 떠오르거나 배고픔이 사라진다.

그렇다, 뇌는 먹었는지 안 먹었는지 모른다. 단지 뇌에서 먹고 싶어했을 때 그것을 알아차리는 것이 중요한 것이지 꼭 그것을 섭취해야하는 것은 아닌 것이다.

배가 고플 때 먹어야 한다는 의식을 억누르면 더욱 먹어야 하는 이유와 먹어야 하는 환경을 무의식이 스스로 만들어 간다.

먹고 스트레스를 받으면 무의식적으로 '먹어야 한다.'라고 감정을 만들어낸다.

배가 고플 때 하는 생각과 행동을 적어보자.
예) 배가 고프다 → 짜증이 난다 → 스트레스를 받는 것
보다 먹는 것이 좋다 → 후회한다.

5
자존감과 소비

    자존감이 낮으면 나의 부족함을 외부에서 채우려는 경향이 있다. 옷, 가방, 신발, 메이크업, 헤어, 자동차, 맛있는 음식 등등. 하지만 늘 부족하고 뭔가 허전함을 느낀다.

    물건이나 음식은 잠시 나를 좋아보이게 하지만 그것들을 가지고도 금세 또 다른 것으로 채우려 하기에 자주 공허함을 느끼게 무의식적 프로그램이 올라온다. 그렇게 외부를 바꾸려는 노력은 힘을 잃게 되고 과소비를 조장하여 남는 것이 없도록 만들기도 한다.

    반면에 자존감이 높으면 자기 자신만으로도 만족감을 표현한다. 비싼 물건들을 싫어하는 것은 아니지만 필요에 의해 구매하기에 잘 활용하고 오래도록 잘 관리하기도 한다. 자신이 좋아하는 일을 금방 알아차리며 무엇이든 해보려는 행동형 인간으로 주변 사람들에게 열정을 전하고 타의 모범이 되며 원하는 것들을 보다 효과적으로 이루어 가는 것을 볼 수 있다.

    자존감이 낮을 때는 배고픈 것이 서럽거나 불편하게 무의식적으로 반응한다. 그럼 카드나 휴대폰 결제를 사용해서라도 음식으로 공허함을 채우려 하지만 먹고 나면 바로 따라오는 무의식적 후회가 나 스스로를 악순환의 연결고리로 프로그램하게 되는 것이다.

....

자존감을 높이는 가장 빠른 방법은 매일 '나는 내가 좋다. 나는 나를 사랑한다.'라고 이야기 해주는 것이다. 환경에 상관없이 '나는 나를 사랑한다.'고 이야기한다.

나를 좋아보이게 할 수 있는 것은 무엇일까? 떠오르는 대로 적어보자.
예) 노트북, 최신 휴대폰, 명품 가방

6
모든 것은 내 책임

책임이라는 단어가 나오기만 해도 참 많은 감정들이 일어난다. 거기에 모든 것을 책임지라고 하면 무의식적으로 불편한 감정이 떠오를 수 있다. 여기서는 내가 했던 행동들이나 말에 책임을 지고 다른 사람으로 살라고 말하는 것이 아니다. 생각을 책임지라는 것이다. 주변에서 어떠한 일이 일어나든 감정 상태를 책임질 수 있다. 일어난 일은 돌릴 수 없지만 무의식적 감정 반응은 내가 원하는 상태로 만들 수 있다는 사실을 알았다면 100% 자신의 감정에 책임을 지는 것이다. 전쟁이나 어떤 큰 사고가 난 것은 나의 책임이 아니지만 그 소식을 들었을 때 내 감정을 만드는 것은 오직 자신의 책임인 것이다.

행동에 책임을 지는 것이 아닌 생각에 상상에 책임을 지는 것이다.

나와 상관없는 일에 감정을 소비했던 일을 적어보자.
예) 뉴스에서 정치 비리 기사를 보고 화를 냈던 일.

평소에 불편하다고 생각했던 것은 무엇이 있나? 혹은 특정 사건이 있었는가? 불편함을 지우기 위해서는 그것부터 알아야 한다. 평소에 불편하다고 생각하는 모든 단어를 적어보자.
예) 짜증 나.

평소에 불편하다고 생각하는 타인의 모든 행동을 적어본
다. 여기에는 자신의 행동도 포함된다.
예) 손가락질.

적어 놓은 것을 보면서 내가 이런 단어나 태도를 싫어하게 프로그램했다라는 것을 알아
차린다. 아무도 그런 환경에서는 화를 내야 한다고 알려주지 않았다. 무의식의 프로그램을
바꾸어 내가 원하는 환경으로 만들어 갈 수 있다.

한계는 없다

    사람이 성공하려면 필요한 것은 무엇일까? 성공을 하려면 목표, 의지, 열정, 끈기, 배짱, 인맥, 노력 등등 방법이 수도 없이 나열이 된다.

    사람들은 해가 동쪽에서 떠서 서쪽으로 진다는 것이 명확하듯 성공하는 방법도 정말 많이 알고 있다. 예를 들어 책을 많이 읽어야 한다, 자기계발을 해야 한다, 아침형 인간이 되어야 한다 등 많은 방법들이 있다. 그런데도 정작 실행하지 않는다.

    '몰라서 못 하는 것이 아니라 안 한다.'라고 이야기하는 것이 맞을 것이다. 우리가 알아야 할 것은 안다고 하지만 나 자신은 몰라도 너무 모르는 것이다.

    내 마음의 텃밭에 의식적이든 무의식적이든 프로그램해 놓은 것을 알아차리면 그 밭을 가리고 있던 각종 돌과 불편한 것들이 사라지기 시작한다. 그러면 비로소 자신이 진정한 열정을 가지고 움직일 힘이 생긴다.

이것들을 가로막는 불편한 상황과 마음을 알아차리기 바란다.

원하는 것이 있는가? 적어보자.
(이루었을 때 성취감이 높은 것들을 적자.)

본인이 그렇게 프로그램해 두었다는 사실을 알아차리고 과거의 나쁜 기억을 다른 기억으로 만들거나 지울 수도 있다. 계속해서 프로그램한 것을 받아들이기 시작하면 비로소 있는 그대로 보고, 듣고, 느낄 수 있다. 내가 원하는 모습으로 살아갈 때 필요한 모든 것들을 발견할 수 있다.

그렇게 텃밭 가꾸기가 수월해지면 상상이 현실로 빠르게 진행된다.

왜일까? 아무런 제약이 없는 듣는 귀가 생기고 보는 눈, 느끼는 몸이 되기 때문이다. 본질을 볼 수 있게 되는 것이다. 즉 나를 위해 준비된 것들을 알아차릴 수 있게 된다.

나는 누구인가, 나는 무엇을 좋아하는가를 찾고 싶다면 내가 정의해 놓은 세상을 내려놓아야 한다. 잔뜩 나를 채워두었다면 어떻게 내가 본질적으로 좋아하는 것을 찾을 것인가.

불편함이 있는 그대로라면 엄청난 선물을 받아도 있는 그대로 바라보지 못하고 무의식적으로 버리게 될 수 있다는 사실을 꼭 기억하기 바란다.

일상적으로 나를 불편하게 하는 상황들을 알아차려 적어보자.
예) 횡단보도에서 흡연하는 사람.

성공한 사람들은 대부분 엄청난 열정과 노력을 기반으로 한다. 그렇게 시련과 역경을 이겨낸 사람들이 사회적으로도 인정을 받는데 그 사람들을 따라서 열심히 살아보려고 노력은 하지만 쉽지 않은 것이 사실이다. 노력으로 성공하는 것은 틀린 것이 아니지만 자신의 텃밭에 각종 돌과 불편한 것들이 널브러져 있다면 그 땅에서의 열매는 기대하기 어려울 것이다.

'세상 사람이 좋다.'라고 정의한 모습의 성공이 아닌, 자기 자신의 진정한 행복을 찾는 성공방법을 찾기를 바란다.

성공 방법을 알고 있는가? 한번 적어보자.

8
분노와 원망

왜 아무리 원하고 상상을 해도 이루어지지 않는 것일까? 내가 프로그램해 놓은 분노와 원망을 그대로 두는 한 상상을 현실로 만들기 어렵다. 왜일까? 있는 그대로를 못 받아들이기 때문이다. 용기가 넘치는 자기 자신을 원하면 뿅 하고 용기가 나타날까? 아니면 용기가 있다는 사실을 알아차릴 수 있는 환경이 주어질까? 사랑하게 해달라고 하면 뿅 하고 묘한 감정을 만들어 줄까? 아니면 사랑을 확인할 수 있는 기회가 생길까? 그 기회가 자신의 분노와 원망으로 가려져 버려지는 일이 없기를 기대한다.

더 나아지고 싶었는데 불편해졌던 기억이 있는가? 한번 적어보자.
예) 몸짱이 되기로 결심하다 → 집에서 갑자기 치킨을 시키자고 한다.

사업을 열심히 하고 있던 한 청년이 돌이킬 수 없는 실패를 맛보게 된다. 큰 빚을 지고 사업이 부도가 난 것이다. 그 당시 그의 나이 26세였다. 충격이 컸던 그 청년은 살고 싶은 의지조차 상실하고 아파트 옥상으로 향한다. 그리고 친구들과 부모님께 전화를 드리고 여자 친구에게 마지막 전화를 걸었다.

그러자 그녀는 남자친구의 목소리를 듣고 '힘들겠다.'라는 이야기와 함께 이런 이야기를 한다.

"상현아, 명차가 세계 최고의 명차로 인정받을 때가 언제인 줄 알아? 큰 사고가 났을 때라고 하더라. 나는 네가 세계적 명차라는 사실을 입증할 수 있는 기회가 왔다고 생각해. 기대하고 항상 응원하는 거 알지?"

그러자 그 청년은 자신이 큰 사업가가 되기 위해서는 이 시련은 꼭 필요한 시간이라는 것을 무의식적으로 프로그램했고 드디어 잘 나가는 청년 사업가가 되어 많은 사람들에게 모든 것은 행운이었다며 자신의 스토리를 전하고 있다.

명차가 진짜 명차로 인정받을 때는 큰 사고가 났을 때이다.

전화위복이 되었던 경험이 있는가? 한번 적어보자.
예) 친구와 다투었다 → 오히려 그것을 계기로 사소한 오
해를 풀고 둘도 없는 친구를 얻게 되었다.

9
마인드의 주인이 되자

마인드의 주인이 되는 과정은 의외로 간단하다. 문제는 그것을 실행에 옮기느냐 마느냐이다. 다음은 자신의 마인드의 주인이 되기 위한 방법들이다.

첫 번째는 책을 읽는 것이다. 자신의 삶에 큰 변화를 준 책을 10번 이상 읽어보자. 자신의 감정, 기분 상태에 따라 책은 계속해서 큰 변화를 줄 것이다. 내 삶을 들여다 볼 수 있는 특별한 기회를 제공할 것이다.

두 번째는 메모하는 습관을 가지는 것이다. 그냥 떠오른 생각을 메모하기 시작하면서 의식의 개입을 느낄 수 있다.

세 번째는 평소에 하지 않던 행동을 해보는 것이다. 예를 들어 지하철 처음 칸에 탑승해서 끝 칸까지 이동해본다. 사람들이 있어도 노래를 흥얼거려 본다. 사람들이 쳐다보는가? 창피해하지 말고 오히려 인사를 건네 보자.

스펙, 돈, 상황에 '난 원래 그런 사람이야.'라고 이야기하며 그것들을 주인 되게 하는 무의식적 프로그램을 알아차리고 멈출 수 있어야 한다.

사람은 무엇을 해야 사랑받을 수 있을까? 필자는 수없이 강연을 다니며 청중들에게 물어보는 질문이 있다.

"그냥 나라는 존재를 인정받고 사랑받는 것이 좋으신가요? 아니면 내가 만들어낸 좋은 결과물이 있을 때 그것으로 인해 인정받고 사랑받는 것이 좋으신가요?"

대다수의 사람들은 사실 있는 그대로를 사랑받고 싶다고 대답한다. 그런데 아주 놀라운 것은 자기 자신을 있는 그대로 받아들이고 사랑해주는 사람이 많지 않다는 것이다. 자기 자신에게 "오늘부터 나 자신을 있는 그대로 사랑한다."라고 말해주자. 그러면 자연스럽게 자존감이 상승하고 그로 인해 자기 자신의 불편한 감정들의 프로그램이 자연스럽게 있는 그대로 창의적으로 바라봐지게 되는 기적을 경험 것이다.

다음의 예를 참고해보자. 자신이 불편하다고 프로그램해 놓은 상황에 자기 자신을 있는 그대로 받아들이면 밝은 자아상과 함께 활력까지 생기는 자신을 만나게 된다.

나는 비록 가진 것이 많지 않지만 있는 그대로 나를 사랑한다.
나는 비록 몸짱은 아니지만 있는 그대로 나를 사랑한다.

나는 비록 학벌은 별로지만 있는 그대로 나를 사랑한다.

나는 비록 경력은 작지만 있는 그대로 나를 사랑한다.

 ....

무엇을 해야 사랑받을 수 있다, 인정받을 수 있다고 한다면 힘들어하면서 왜 나라는 존재를 그냥 사랑하지 않는 것인가?

내 환경과 상관없이 나는 나를 사랑한다고 이야기해주자.
그 내용을 적어보자.

변화는 나로부터

"네가 참아.", "네가 좀 양보해라."라는 이야기를 들으면 속이 상하고 화가 난다는 말들을 많이 한다. 그렇기에 내가 변하면 모든 것이 변한다는 것을 익히 들어 알고 있지만 내가 변하기가 쉽지 않다는 것이다.

신혼 시절 나는 아내와 드라이브를 하고 있었다. 차들이 끼어들거나 과속하는 차를 보면 부정적인 말들이 한마디씩 무의식적으로 나온다. 그 당시 나는 아내에게 이야기했다.

> **범구:** 나는 저렇게 끼어들거나 하면 저 사람이 나를 무시하나 이런 생각에 불뚝불뚝 화가 나는 것 같아.
>
> **아내:** 끼어들면 무시하는 거야? 당신은 무시하려고 차에 끼어들어?

충격이 아닐 수 없었다. 나는 상대방에게 기분 나쁘게 하려고 끼어드는 것이 아니라 가야 하는 방향이 그쪽이기에 보통은 끼어들기를 한다. 그렇다, 내가 하면 로맨스고 남이 하면 불륜이라는 말이 이해가 가는 순간이었다.

그렇게 생각이 바뀌고 스스로 불편하게 무의식에 프로그램해 두었다는 사실을 알아차리게 되었고 차가 끼어들면 오호~ 이렇게 프로그램했었구나 하고 이야기하며 운전하는 것이 편해졌고 1시간 거리이면 졸음운전을 하던 내가 3~4시간도 무리 없이 운전하는 지금을 보면 내가 변하는 것이 얼마나 유익인지 알게 되었다.

'벼는 익을수록 고개를 숙인다.'라는 말이 있다. 자기 자신의 잘못을 인정하고 받아들이는 사람이 그렇게 크고 대단해 보이는 것은 나만의 생각은 아닐 것이다.

바뀌어야 한다는 것에 대한 스트레스, 그리고 바꿀 수 있다는 것에 설레임과 기대! 이에 대한 선택은 오로지 여러분의 몫이다.

참기 힘든 상황으로는 어떤 것이 있을까? 한번 적어보자.
예) 아들과 공원에서 놀고 있는데 옆에서 담배를 피우고
있을 때.

11
오해, 결국 내 책임

모든 것은 내 책임이라는 말에 전적으로 동의를 한다고 해도 그냥 지나 갈 수 없는 한 가지가 있다. 바로 다른 사람의 잘못을 내가 대신 지적받을 때 그 억울함은 어떻게 설명 할 것인가? 그 오해를 풀기 위해 설명을 하면 할수록 오히려 변명하지 말라고 다그치거나 '그랬겠지.'라 며 무시해버린다. 여기서 우리가 반드시 알아야 할 것은 그 또한 받아 들여 보자는 것이다.

필자의 이야기

젊은 나이지만 NLP 프로그램을 알고 있었던 나는 직장을 다닐 때 '다 내 책임이야.'라며 스스로 높은 자존감을 가지고 있다고 생각했다. 그렇게 사람들과 함께 어우러져 시너지를 내가며 일하던 중 강의 스킬을 알려달라고 하는 사람들이 생기기 시작했고 강의 섭외도 해줄 수 있다는 생각에 사업을 시작했다. 강사양성과 매니지먼트를 시작한 것이다.

아주 획기적인 발상이었다. 수수료 20%를 받기로 하고 강의장을 빌려 밥까지 사주면서 강의 스킬을 쌓을 수 있도록 도와주었고 스스로도 성장하는 것을 느꼈다.

그런데 회사에서 강사들을 빼돌린다는 오해가 발생해 그동안의 내 이미지에 큰 타격을 주었다. 그때 변명을 하거나 어떤 사유인지 자세하게 이야기를 한다고 해서 사람들의 마음을 돌릴 수 없다는 것을 알아차렸다. 그리하여 오해를 불러일으킨 모든 것에 사과를 하고 실망했다고 말씀하시는 팀장님께 진심을 다해 사과를 드렸더니 오히려 팀장님이 오해가 있었다며 본인 역시도 더욱 성장해야 한다며 나를 위로해 주셨다. 그럼에도 편안한 대화가 오가며 나중에 웃으며 보자는 이야기와 함께 그곳을 떠나야만 했다.

그렇게 나는 사람도 잃고 강사 일을 맡겼던 회사도 잃어버린 것이다. 서로 좋게 마무리되었다는 것에 감사했지만 나는 또 다른 곳에 프리랜서 강사의 프로필을 계속 보내야 했다. 그 와중에 무슨 이유인 줄은 몰라도 오히려 잘될 것 같다는 생각이 계속되었고 나만의 프로그램을 만들기 시작했다. 그리고 불과 1개월 만에 내 강의를 들을 사람의 소개로 강남 대형빌딩 9층의 정말 멋진 강의장에서 내가 원하는 대로 만든 생활 NLP 프로그램을 탄생시킬 수 있었다.

 ....

앞으로도 오해로 인해 힘든 일이 언제 일어날지 모르지만 그것 역시 내가 목표로 하는 것에 가기 위해 일어날 수 있는 과정이라 믿는다.

내 잘못이 아님에도 오해를 받았던 기억을 적어보자.
예) 서류를 분명히 보냈는데 오지 않았다며 난리가 났다
→ 부하직원이 전달을 안 한 것이다.

한국인이라면 누구나 아는 인기그룹이 있었다. 데뷔 때부터 음원차트 1위는 기본이고 실시간 검색도 수도 없이 올라가는 그 그룹은 꽤 오랜 시간 잘 달리다가 문제가 발생했다. 개인별로 활동을 하면서 어느 한 명이 표절시비에 오르게 되었고, 게다가 대마초로 인해 가요계에서 잠정적으로 사라질 위기에 놓였다. 뿐만 아니라 또 다른 멤버의 교통사고가 있었다. 직접적으로 잘못한 것은 아니지만 언론이 그를 좋지 않게 보도했고 잠정적으로 연예계 활동을 중단하게 된다.

음악방송, 패션, 드라마, 영화, 예능 모든 곳을 섭렵했던 그들이었기에 그 파장은 실로 컸었다. 그럼에도 불구하고 그들은 용서를 구할 뿐 어떠한 변명도 하지 않았다. 그렇게 시간은 흘러 그들은 한국인 최초로 '월드 와이드 액트Worldwide Act'상을 수상한다.

2011 MTV 유럽 뮤직 어워드(이하 '2011 MTV EMA')를 통해 다시금 활동을 시작하게 되었고 마음이 상했던 팬들 역시 다시 그들을 받아들이기 시작했다. 그 그룹에 멤버 한 명은 잘못했던 지난 일들에 대해서 깊이 반성하고 있으며 우리는 그것들을 계기로 진짜 하나가 될 수 있었고 더욱 단단해졌다고 얘기해 화제가 된, 세계 최고의 탑 아이돌 빅뱅의 이야기이다.

선택은 잘못되었고 진실도 변명도 통하지 않을 때가 있다. 그럴 때 주변을 다시 한 번 바라보고 자기 자신을 더욱 단단하게 만드는 과정이라는 것을 알아차리는 것이 중요하다.

잘못된 선택을 해서 힘들었던 적이 있는가? 한번 적어보자.
예) 술장사를 하던 시절 옆 가게에 횡포를 부렸다. → 부모
　　님 가슴에 못을 박았다.

12
모르는 게 약이다

어느 한 사람이 80여 년을 행복하게 살다가 하늘나라로 돌아갔다. 아담하고 외진 집이지만 그가 생활하기에 안성맞춤이었고 약간은 비싼 집이었지만 쪼들리지는 않았기에 사는 데 큰 지장은 없었다. 동네 호수에서 주로 낚시와 수영을 즐겼고 친구들이 오면 앞마당에서 언제든 바비큐를 하며 마음껏 즐기며 살다가 잠자는 사이 하늘나라고 간 것이다. 그런데 그 사람은 죽을 때까지 알지 못한 것이 몇 가지 있었다.

그가 살았던 아담하고 외진 집은 무덤 위에 지어진 집이었다는 것, 그리고 약간 비싸다고 느낀 것은 집주인이 그가 어수룩하기에 집값을 2배로 받았다는 것이다. 심지어 아주 오래전 일이지만 그 집은 귀신이 나온다는 소문까지 돌았었다는 것이다. 그리고 동네 호수에는 독을 가득 품은 뱀도 살고 있었고 과거 그 호수에서 사람이 빠져 죽은 적도 있었다는 것이다.

이 이야기를 들으면 무슨 생각이 들까. '어수룩하게 살다가 제대로 누리지도 못했네.'라는 생각보다는 '차라리 모르는 게 약이네.'라는 생각이 들 것이다.

마찬가지로 어쩌면 우리 삶에서도 그냥 지나치거나 의미를 부여하지 않아도 될 것에 수많은 의미를 부여하고 프로그램을 만들어 놓고 있다 보니 있지도 않는 사실에 불편함을 느끼며 자기 자신을 힘들게 하지는 않는지 확인해 볼 필요가 있다고 생각을 해본다.

모를 때 더욱 행복했다.

지나고 보니 아무것도 아니었던 일이 있는가? 한번 적어보자.
예) 해외에 나가 보니 별거 아니었다.

후배 한 명이 와서 다른 형들이 나에 대해서 좋지 않게 이야기한다는 것을 전해 들었다. 나는 그 후배에게 이야기했다.

"괜찮아, 나 때문에 서운한 것들이 있었나 봐."

그러자 후배는 그 형들은 어쩌고저쩌고 이야기를 한다. 그래서 '그들은 내가 소중하게 생각하는 친구고 너 또한 소중한 후배니까 그런 이야기하지 말고 술이나 한잔 하면서 우리 이야기나 하자.'고 했더니 후배는 억울하지도 않느냐고 묻는다.

그때 나는 서운하기도 했지만 '그럴 수도 있구나.' 하는 생각을 해보았다. 이후 그 후배와 의형제처럼 지낼 수 있었고 정말 즐거운 추억도 많이 만들었으며 다른 친구들 역시 더욱 친해져 함께 청소년 시절을 보낼 수 있었다.

알아차리고 받아들이기 시작하면 사람을 얻을 수 있다.

남들이 나에 대해서 이야기 하지 않기를 바라는 것은 무엇인가?
예) 범구는 코가 너무 커!

_____

_____

_____

_____

_____

_____

_____

_____

_____

_____

_____

13
용서는 나를 위한 것

한 아이가 있었다. 그 아이가 어릴 때 부모님은 사기를 당해 하루아침에 사업이 망하고 그로 인해 병을 앓다가 결국 돌아가시고 말았다. 그리하여 아이는 부모님을 그 지경으로 만든 그 사기꾼을 끊임없이 원망하며 복수의 칼날을 갈았다.

타 지역으로 옮겨진 아이는 10년이 훨씬 지났지만 자다가도 그 사기꾼이 불쑥불쑥 떠올라 잠도 못 자고 어떻게 하면 그 사람의 인생을 망칠까를 생각한다. 그리하여 20년이 지나 그 사람에게 복수를 하기 위해 다시 원래 살던 지역으로 돌아간다. 그리고는 놀라운 소식을 듣게 된다. 그 사기꾼 역시 그 당시 부도를 맞은 상태였으며 이후 바로 자살을 했다는 소식을 들었다.

20년을 넘게 원망하며 스트레스로 밥도 제대로 못 먹고 힘겹게 살아왔는데 그 사람은 이미 20년 전 이 세상 사람이 아니었던 것이다.

용서는 상대방이 아닌 나를 위해서 하는 것이다.

용서할 상황과 사람들을 적어보자.
예) 부모님, 선생님, 직장 상사.

잘못은 용서를 구해야 하고 반성도 해야 하지만 죄책감에 빠지는 것을 알아차려야 한다. '내가 그때 그 잘못을 했기 때문에 이런 결과, 이런 시련이 찾아오는 거야.'라는 내면의 소리가 진실이 아닌 내가 프로그램해 놓았다는 것을 알아야 한다.

사람은 누구나 잘못을 한다. 그것을 크거나 작다고 정의할 수 없고 어떠한 잘못도 용서를 구했다면 상대방의 반응에 상관없이 나 스스로도 내 내면에게 용서를 구해야 하며 편해져야 하는 것이다.

어떤 사람은 자신의 잘못을 인정하면 모든 것이 끝나버릴 것 같다는 무의식의 불편한 프로그램이 떠올라 잘못을 인정하는 것을 거부하고 자신을 방어하기 위해 자기 자신의 양심적 내면과 부딪치며 죄책감을 만들어 내기도 한다.

먼저 타인에게 잘못을 인정하기 어렵다면 자기 자신에게 그런 프로그램이 되어 있다는 사실을 알아차리고 자기 자신을 속상하게 한 것을 먼저 사과하고 용서를 구하는 것을 권한다. 그렇게 다시금 자기 자신을 알아차리면 타인에게 사과할 용기가 이미 내 안에 있다는 사실을 발견하고 사과를 하고 용서를 구했을 때 본인이 만들어놓은 족쇄에서 해방되는 경험을 하게 된다.

상대방의 반응에 상관없이 나 스스로도 내 내면에게 용서를 구해야 한다.

내가 만들어 놓은 족쇄는 무엇인가?
예) 그때 그것만 안 했어도.

....

....

....

....

....

....

....

....

....

....

....

14

암시언어와 무의식

내가 의식적으로나 무의식적으로 세상에 존재하는 이유에 어긋나는 생각이나 말, 행동으로 나 스스로를 불편하게 했다면 다음의 말을 해보자.

"미안합니다. 지나간 모든 것은 용서해주세요. 앞으로 스스로 만든 불편함을 알아차리고 있는 그대로를 받아들이기를 원합니다."

이러한 말을 스스로에게 함으로써 나를 가로막고 있는 모든 장애물들을 희망의 메시지로 알아 볼 수 있게 된다. 또한 내면의 어두움이 따뜻한 빛으로 가득하게 된다. 잠재능력을 끌어올리는 암시언어인 것이다. 휴대폰에 메모해 두고 잠자기 전, 아침에 일어나서 2분~5분 정도 읽으면 자기 자신을 더욱 탁월하게 알아차릴 수 있다.

태어나기 전부터 프로그램 되어 있는 나를 이해와 용서로 내 자아를 비우면 비로소 감사와 사랑이 자리 잡기 시작한다.

평소에 힘이 되는 문구를 적어보자.
예) 나는 할 수 있다. 오늘도 특별한 날이다.

15

상상의 한계는 없다

'강범구는 정말 그릇이 크다.'라고 이야기해 주는 사람들이 많아졌다. 그런데 어떤 사람들은 현실을 직시하라고 이야기한다. 그럼 여기서 현실은 무엇일까? 아마 자신이 정해놓은 환경을 현실이라고 믿고 이야기를 하는 것으로 보인다. 물론 나를 걱정하고 아끼는 마음에 그렇게 말을 해주었지만 만약 그 사람들의 말을 그대로 믿고 따랐다면 나는 아직도 싫어하는 일을 하며 투덜거리며 살았을지 모르겠다.

확고한 결단을 해야만 했던 이유는 가정이 있었기 때문이지만 아내는 오히려 내 한계를 모르는 꿈을 응원해 주었고 이렇게 대한민국 최고의 강사엔터테인먼트를 운영하는 대표가 되어 있는 것이다.

기대하고 상상하라, 그리고 그 순간순간을 즐겨야 한다.

사람들은 대부분 '기대하지 말아야지, 별로일 수도 있다.'라며 일어나지도 않은 일을 마치 대출받듯이 기분이 별로인 상황을 당겨서 받는다. 설령 별로인 상황을 만나게 될지라도 지금 그 큰 기대로 행복하다면 나는 행복한 시간을 살아가고 있는 것이다. 큰 기대와 함께 행복한 상상을 하는 것을 아끼지 말자.

생각만 해도 기분이 좋아지는 것은?
예) 휴일.(휴일이 끝나는 그 순간 다음 날 일을 나가기 전
    까지는 불평불만은 삼가자.)

기존에는 전에 있었던 일들에 의미들을 찾아가며 '다음부터는 그런 일이 없도록 해야지.'라는 생각을 많이 했었다. 그런데 아주 놀랍게 똑같은 실수를 계속해서 반복하거나 안 하던 실수까지 하는 나를 만나고 변하지 않는 내 자신이 싫어지기까지 했다.

늘 과거의 일이 머릿속에 떠나지 않고 나에게 잘못했던 사람들 역시 문득문득 떠올라 나의 마음을 상하게 했다. 그러던 중 미래에 되기를 원하는 모습을 상상해 보라는 수많은 자기 계발서들을 보게 되었고 '나는 할 수 있다, 나는 잘될 것이다.' 등 긍정적인 말과 함께 상상을 하기 시작했다.

그리고 나는 바뀌었다. 실수가 없어지지는 않지만 확실하게 줄어들었고 실수를 편하게 인정하기 시작하면서 사람들에게는 가볍게 보여 오히려 인간적이라는 이야기를 듣고 즐거운 소통을 하게 되었다. 문제를 문제로 바라보는 내 시선을 미래로 바꾸고 기대하기 시작하면 문제라고 생각하는 대부분의 것들이 사라지는 것을 경험하게 될 것이다.

어떤 모습이기를 원하는지 적어보자.
예) 대한민국 최고의 강사엔터테인먼트 JG 15층 사옥계약

_____

_____

_____

_____

_____

_____

_____

_____

_____

_____

_____

작은 산골 마을에 정육 식당을 운영하는 K 씨는 고민이 많았다. 어떻게 하면 손님들이 찾아오는 좋은 식당을 할 수 있을까? 금액도 낮춰 보고 홍보도 해보지만 경영을 잘 알지 못하는 K 씨는 적자를 면치 못하고 있었다. 그러던 어느 날 사람들이 들어와서 '우와~ 이런 곳이 다 있네.' 하면서 음식을 맛보더니 질이 이렇게 좋은 한우는 오랜만이라며 좋아한다. 그리고 계산을 하려는데 비싸긴 해도 제대로 먹는 것이 중요하다고 이야기한다.

의아한 K 씨는 값을 확인하고 깜짝 놀랐던 것이다. 밖의 유리창에 '오늘의 한우 1인분에 9,000원'에 O을 하나 더해 놓았던 것이다. 1인분에 90,000원이라는 소리에 사람들이 찾아오고 소문이 나기 시작하면서 이곳은 질 좋기로 유명한 정육식당이 되어 실제 최고의 소를 가져다 놓고 팔 수 있게 되었다.

사람은 진실에 반응하는 것이 아니라 '그렇다.'라고 생각하는 것에 반응한다.

진실이라고 생각했는데 그렇지 않았던 것과 믿지 않았는데 진실이었던 것을 적어보자.
예) 산타클로스 할아버지.

윤택한 삶을 살기 위해서는 어찌해야 할까?

우선 원하는 이미지를 의식적으로 찾아내다. 그 이미지는 특정 장소에 붙여 놓고 언제든 떠오를 수 있도록 준비한다. 그 뒤로는 내 감정이 반응하는 것들을 하나하나 알아차려 가는 것이다.

무의식은 의식에 의해 다시금 프로그램될 수 있다. 즉 감정적으로 불편함이 있을 때 '아! 내가 이런 부분을 싫어하게 프로그램했구나.' 하고 알아차리는 것이다. 그리고 원하는 이미지를 상상하기 시작하면 그 불편한 상황 가운데 엄청난 아이디어가 있다는 사실을 알아차리게 된다.

원하는 상상에 필요한 자원들이 보이기 시작하면 삶은 훨씬 윤택해지고 건강해지는 것을 아주 빨리 느끼게 될 것이다.

나를 한마디로 표현해보자.
예) 사랑받기 위해 태어난 사람.

직장생활에서의 마인드 프로그램

대부분의 직장인들이 퇴사를 생각하고 있고, 인간관계에서 오는 불편함 때문이라는 이야기를 하는 사람이 85%나 된다고 한다. 사람과의 관계가 힘들어 대부분 일이 힘들다는 것이다. 더욱 놀라운 것은 어디를 가나 힘들게 하는 사람이 있다는 것이다.

많은 청중들과 소통을 하며 알게 된 사실은 일을 잘해야 한다는 생각과, 일을 하는 것에 대한 인정을 받고 싶은 내가 상처를 받는다는 것이다.

사람은 행동이나 말투에 큰 영향을 받지만 어떤 사람은 일 자체를 즐기고 배우며 설레는 성장의 시간을 보내기도 한다. 무엇이 다른 것일까?

직장 상사가 하는 말이나 태도에 의미를 부여하는 것을 멈추면 비로소 내가 잘하고 있는 것들이나 내가 하고 싶어 하는 것들을 할 수 있다.

기억해야 한다. 당신은 당신의 일보다 더 소중한 사람이다.

일을 할 때 가장 불편한 것은? 한번 적어보자.
예) 직원들의 뒷담화.

4번째 입사한 회사, 어느덧 대리라는 직급을 단 지 5년이 되었다.

그때 내게는 생각만 해도 머리가 아픈 직장 상사가 있었다. 많은 동기들도 그 사람에게 힘들어하며 참다못해 대부분이 그만두었다. 어떻게 저런 사람이 회사의 높은 직급을 가지게 되었는지 그 사람을 생각하면 회사도 뻔해 보이기까지 했다. 하지만 또 다른 곳에 가서 적응하기도 힘들 것처럼 생각되고 이직한 친구들은 그곳에도 그와 흡사하거나 더한 상사가 있다는 이야기에 회사에 신청해 외부에서 진행하는 교육 프로그램들을 배우게 되었다.

셀프리더십, 코칭, 멘토링, 스피치, 이미지메이킹, 설득화법 등등을 통해 소통을 하는 데 많은 부분 도움이 되었고 나 스스로를 변화시키는 데 어느 정도는 도움이 되는 듯했다.

그러나 역시 그 직장 상사는 나의 안주이며 삶의 불편함 그 자체였다. 때로는 상사의 목소리가 들리거나 전화에 그의 이름이 뜨면 심장이 덜컥하기까지 했다. 그리고 아무리 이야기를 잘해도 대화가 통하지 않는다.

심지어 '상사가 외부 교육을 좀 들으러 다니면 참 좋겠다.'라는 생각을 해보았다. 그러던 어느 날 아침 회의 시간 상사가 한마디 했다.

"남들을 조금 배려하면서 일하는 습관을 들여 보세요."

더 이상 참지 못하겠다. 이번에 그만두는 건 내 차례인 듯하다. 어디를 가도 여기보다는 나을 것이라는 생각이 내 머릿속에 가득 찼다.

그러던 어느 날 마인드 프로그램을 통해 그 사람을 싫어하게 프로그램한 것이 나라는 사실을 알게 되었다. 그런데도 내 마음은 '그래도 그렇지, 저 사람은 너무해. 내 동기들도 다 싫어했었는데.'라는 생각이

드는 것이 사실이었다. 그전에 3곳의 직장생활도 1~2년 다니다 그만둔 이유는 상사나 동료가 너무 했기 때문이다.

그렇다, 그런 사람이 없어지기를 계속 생각했지 내면을 다르게 프로그램해 보려고는 하지 않았다.

그렇게 교육프로그램을 시작한 지 3개월 정도 지나자 놀라운 일이 일어났다. 그 사람이 하는 행동이나 말에 그렇게 영향을 받지 않는 나를 발견한 것이다. 전혀 기분이 나쁘지 않은 것이다.

그 사람을 바꾸려 할 때마다 내 마음은 항상 지옥이었다. 하지만 나는 변했다. 가끔씩 나를 기분 나쁘게 일부러 그러는 것처럼 보이기도 하지만 그럴 때마다 프로그램이 바뀌기 직전이 가장 심하게 느껴진다는 꽃샘추위 이론(봄이 오는 것을 시샘한 마지막 추위)이 기억이 났다.

그렇게 10개월이 지나자 나는 그 상사와 아무런 문제도 없고 오히려 웃으며 농담을 하며 일도 배우고 있는 나를 발견했다. 지금 생각해보면 그 사람도 자신의 자리에서 최선을 다했고 누군가에게는 인정을 받고 사랑을 받는 존재라는 것이다. 내면이 바뀌니 비로소 보이는 것들, 지금도 종종 말투나 태도에 불편함이 올라오지만 즉시 알아차릴 수 있음에 오히려 감사하고 행복한 일상이다.

 ....

잊지 말아야 한다. 내면이 바뀌지 않으면 미워하던 직장상사가 사라져도 그 미워하는 행동을 하는 사람을 반드시 찾게 된다. 그리고 또다시 반복되는 관계를 형성하는 것이다.

싫어하는 사람이 있는가? 그렇다면 그 사람과 그의 특징을 적어보자.
예) 직장상사 → 지시하는 말투.

MEMO

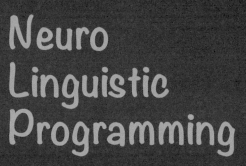

Neuro
Linguistic
Programming

| 제5장 |

잠재의식과 상현노트

1

잠재의식이란 무엇인가

사람의 잠재의식은 어릴 적부터 프로그램되어진다. 자아가 형성되는 어린 시절에는 오감, 즉 보고, 듣고, 맛보고, 냄새 맡고, 피부로 느끼는 것이 자기 자신이라고 생각하게 된다. 그렇기에 성인이 되어서도 어릴 적 형성된 두려움과 즐거움이 잠재의식에 프로그램되고 그것은 무엇인가를 선택하거나 행동할 때 지대한 영향을 미치게 된다.

선택에 앞서, 도전에 앞서 드는 두려움이나 기대 이 모든 감정이 잠재의식의 프로그램으로 인해 반응한다는 사실을 알게 되면 추후 자신이 원하는 방향으로 다시금 프로그램을 할 수 있다는 사실을 깨닫고 엄청난 성취와 즐거움으로 세상을 누리게 될 것이다.

사람들이 잠재의식의 능력을 인지하면서도 활용 방법을 모르는 채 살고 있다.

조셉 머피(잠재의식의 힘)는 '40만 톤의 대형 선박을 사람이 움직일 수 있는가?'라는 질문을 던진다. 너무 커다란 그 배 앞에 서면 위압감에 사로잡히고 혼자 저 선박을 움직일 수 있을 것이라는 상상조차 하지 못한다. 하지만 그 배의 선장이라고 생각하면 어떤가? 아마 말만으로도 그 큰 선박을 움직일 수 있을 것이다.

우리의 잠재의식은 우리의 명령을 기다리고 있다. 그렇기에 그저 원

280

하는 것에 중심을 두는 것을 잠재의식은 기다리고 있다. 문제라고 생각하는 것을 계속 생각해보자.

잠재의식을 내편으로 만드는 방법은 내가 원하는 것을 구체적으로 생각하고 상상하는 것이다. 그러면 이내 잠재의식은 우리를 위해 일하게 될 것이고 기적 같은 체험을 매일매일 하게 될 것이다.

잠재의식 사용 방법

낮에는 잠재의식의 프로그램을 통해 끊임없이 의식적으로 개입되기에 어려움이 있다. 그렇기에 잠재의식을 새롭게 프로그램하는 데 가장 좋은 시간은 잠들기 바로 전 그리고 아침에 일어나 정신이 몽롱할 때가 가장 적합하다.

많은 사람들이 상상이 현실이 된다는 이야기를 믿고 싶어 하면서도 쉽지 않다고 이야기를 한다. 그러나 내가 불편하다고 잠재의식에 프로그램해 놓은 것을 인정하면서부터 놀랍게 변화가 시작된다. 저자의 강의를 듣고 변화된 사람들이 늘어나고 있는데 이 모습도 저자는 늘 상상했던 것이다.

잠들기 전 휴대기기 또는 메모장에 원하는 것을 적어보자. 그리고 잠들기 전까지 그것이 이루어졌을 때 얼마나 행복할지를 미리 경험하고 느끼면서 그것을 이루기에 필요한 것을 잠재의식이 알아서 찾아주고 행동하게 해줄 것이라 믿는다면 거짓말처럼 자신의 삶이 그 방향으로 만들어지는 것을 경험하게 될 것이다.

우선 원하는 것을 상상하고 그것이 이루어졌을 때를 미리 느껴보자. 우리의 뇌는 오감에 의해 프로그램된다. 그것이 실체이든 실체가 아니든 상관없이 '그렇다.'라고 믿는 것에 반응한다는 것이다.

실제로 일어나기를 원하는 일이 지금 이루어졌다고 오감에 반영하여 상상해보자. 기분이 금방 좋아지고 행복감을 느낄 수 있다. 그 상태를 자주 누리다 보면 잠재의식은 그것을 프로그램하게 되고 그것에 필요한 것을 또다시 오감을 통해 전해줄 것이다.

예를 들어 JYP 박진영 대표의 '촛불 하나'라는 곡은 미국 할렘 가에 갔을 때 '어둠을 저주하지 말고 촛불 하나를 밝혀라.'라는 문구를 보고 만들었다고 한다.

어떤 이에게는 그저 그런 글자 혹은 '좋은 말이네.' 정도로 끝났을지 모르지만 좋은 곡으로 대중과 함께 소통하고 싶었던 박진영 대표의 바람이 그 문구를 색다르게 보이게 했고 음악으로 탄생할 수 있었다. 그리고 그 노래는 아직까지도 대중의 사랑받는 노래로 사랑받고 있다.

저자는 떡볶이를 먹지 못했었다. 어느 날 심하게 체하고 난 뒤로부터 떡볶이 냄새도 맡기가 힘들었었다. 그런데 잠재의식에 프로그램되어 있다는 사실을 알게 된 이후에 '그럼 나도 그런 기억에 어릴 적 감정이 남아 있는 것일까.'라고 생각하고는 친구들이 떡볶이를 먹을 때 한 입만 먹어보기로 하고 떡볶이를 먹는 순간 이 맛있는 음식을 왜 그동안 참아왔는가 하는 생각이 들었고 지금 글을 쓰면서도 입에 침이 고이기 시작한다.

그 뒤로는 나 자신의 성장을 위해 잠재의식에게 부탁을 하기 시작했다.

'몸짱이 되고 싶은데 방법을 알려주고 그것을 잘할 수 있도록 도와줘.'

그렇게 부탁을 한 지 2주쯤 지났을까? 저녁 6시 이후로 음식을 먹지 않는 것이 자연스러워졌고 밀가루나 인스턴트 음식이 나에게 그다지 도움이 되지 않는다는 생각에 자연스럽게 건강한 식단으로 건강한 삶을 유지하고 있다.

그간 의식적인 노력으로 자주 실패를 하여 체중은 90킬로를 넘어서며 원하지 않는 방향으로만 흘러가는 듯했지만 지금은 원하는 것이 있으면 잠재의식에 먼저 부탁을 하고, 하고 싶은 것이 생기면 즐겁게 행동하고 있다.

다시 한 번 이야기하지만 불편한 감정은 어린이였던 나를 보호하기 위해 프로그램되어 있을 뿐 결코 나를 힘들게 하거나 방해하려는 것이 아니라는 것을 기억한다. 그리하여 평소에 불편하게 만드는 감정이 있는 상황에 '얼마나 더 좋아지려고!'라는 말과 함께 다시금 원하는 모습을 상기시키면 놀랍게도 기분 나쁜 상황에서 배우는 상황으로, 속상한 상황에서 사람을 얻을 수 있는 상황으로 느끼게 되는 것을 실감하게 될 것이다.

다음과 같이 해보자.

◆ 평소 원하는 것이 있으면 메모를 한다.
◆ 잠들기 전 메모지를 꺼내 머리맡에 두고 잠들기 전 5분 정도 읽는다.
◆ 눈을 감고 그것이 이루어진 상상을 구체적 오감에 근거해서 상상한다.

◆ 아침에 일어나 떠오르는 생각을 적는다.

◆ 오늘도 잠재의식이 그것들을 이루게 해줄 것이라는 생각을 한다.

◆ 기분 좋게 아침을 시작한다.

기억하라, 잠재의식에 심으면 보지 않아도 보인다. 원하는 것에 호기심을 가지고 세상을 바라보기 시작하면 내가 원하는 것들이 보이기 시작한다. 저자가 고등학교 학창시절 주유소에 일을 할 때는 주변 주유소의 기름값을 모두 알고 있었다.

관심 있는 분야이기에 자연스럽게 잠재의식이 프로그램되었고 그것들에 대한 정보를 알려준 것이다. 아마 고가의 다이아몬드가 널려 있다고 해도 인지하지 못하면 그저 반짝이는 돌에 불과하다. 하지만 그냥 돌이라고 해도 내가 원하는 것과 의미가 더해진다면 그것은 보석보다 값어치 있는 역할을 하게 될 수 있다.

얼마든지 자신이 원하는 모습으로 프로그램할 수 있다.

잠재의식 활용사례

미국의 로라 윌킨슨

10미터 다이빙 선수 로라 윌킨슨은 시드니 올림픽 3개월 전 오른쪽 다리 뼈 부상으로 7주간이나 병원에 누워 있어야 했다. 포기하려던 그때 성경에 나와 있는 '내게 능력 주신 자 안에서 내가 모든 것을 할 수 있느니라.'라는 말씀을 떠올리며 힘을 얻었다고 한다. 그리고 믿었다.

다이빙대 위에서 항상 그 구절을 외우고 다이빙한 결과 2000년 시드니 올림픽에서 기적 같은 역전으로 금메달을 획득하고 뒤이어 아테네 올림픽과 세계 선수권 대회에서도 금메달을 획득했다. 그것은 미국의 36년 만의 금메달을 가지고온 기적을 만들어냈다.

내게 힘이 되는 명언이나, 좋은 문구를 내 삶에 어느 때고 상기시킬 수 있다는 것은 잠재의식이 그 일을 행하게 하기 위해 가장 좋은 자양분이라는 사실을 기억하자.

슈바이처 박사

《조셉 머피 잠재의식의 힘》에 보면 다음과 같은 이야기가 나온다.

슈바이처 박사가 아프리카에 있을 당시 원주민들의 풍습에 충격을 받았다고 한다.

원주민들은 아기가 태어날 때 아버지가 술에 취한 상태에서 아무 말이나 나오는 대로 하게 되면 그 말이 곧 아이에게 금기가 되는 풍습이 있었다.

예를 들어 아버지가 음식 이야기를 하거나 신체부위를 이야기하면 아이가 그 음식을 먹거나 신체부위를 맞으면 죽는다고 믿는 것이다. 그런데 한 아이가 태어날 때 그 아버지가 바나나라고 이야기했고 아이는 풍습대로 바나나를 먹으면 죽게 된다고 믿고 있었다.

어느 날, 바나나 요리를 한 냄비를 씻지 않고 다른 음식을 만들어 먹였지만 아이는 아무렇지도 않았다. 그러나 그때 그 냄비로 바나나

요리를 했다는 말을 들은 아이는 새파랗게 질린 얼굴로 경련을 일으키며 쓰러지더니 온갖 치료에도 죽고 말았다.

긍정적 생각이든 부정적 생각이든 똑 같다. 본인이 그렇다고 믿어버리면 그것은 현실이 되는 것이다.

배가 아파요

날씨 좋은 어느 날 울산에 NLP 강의를 진행하게 되었다. 진행에 앞서 인사를 나누고 있을 때 한 젊은 여성이 배가 아파 수업을 들을 수 있을지 모르겠다며 병원에 가야 할 것 같다고 이야기했다. 그때 나는 순간 나도 모르게 물어보았다.

"많이 아프신가요?"

"네, 제가 원래 이렇게 아파하는 사람이 아니거든요. 그런데 조금 심하네요."

그래서 나는 조용히 물었다.

"그럼 제가 지금 고쳐드릴까요?"

그러자 교육 담당자분께서(친분이 두터운 담당자) 조용히 나에게 하지 말라고 이야기했다. 그래도 나는 "지금 고쳐 드려볼게요."라고 하자 교육 담당자분이 더욱 이를 악물고 하지 말라고 이야기했다. 하지만 급하게 일어나는 통증은 불편한 감정에 의해서도 만들어질 수 있기에 바로 편안하게 만들어 줄 수 있다는 것을 수없이 경험했고 그 사람들에게도 보여주고 싶었다.

그리하여 나는 '배가 아프지만 이런 내 자신을 받아들이고 나는 나를 사랑한다.'를 반복하도록 하고 얼마나 아픈지도 본인 입으로 이야기하게 도와주었다.

2분이나 지났을까? 통증이 줄어든다며 신기해하자 오히려 교육 담당자분께서 장난치지 말라며 의아해했고 거짓말처럼 통증이 줄어들었다며 신기해했다.

이것은 종교도 아니고 기적도 아니다. 사람은 100퍼센트 감정적인 존재라는 것을 알아차렸고 통증도 감정에 의해 프로그램이 실행되었다는 것을 인정하고 그 프로그램을 올바르게 건강한 상태로 돌려놓은 것뿐이다.

사람은 100퍼센트 감정적인 존재로서 불편한 마음이 들거나 불편한 통증이 있을 때 그것을 알아봐주는 것만으로도 80퍼센트 이상 편안해지는 것을 경험해보자

부모님의 전원생활 시작

부모님이 전원생활을 하시고 싶다는 이야기를 듣고 부모님이 원하는 집을 인터넷상에서 찾고 컬러로 프린트하여 부모님께서 주무시기 전에 보실 수 있도록 TV 위에 떡 하니 붙여놓고 감사를 담은 문구를

적어놓았다.

'자녀들은 건강하게 자리를 잡고, 우리 부부는 100여 평의 땅에 텃밭을 가꾸며 행복한 하루하루를 보내고 있다.' 등.

그리고 1년 후 거짓말처럼 전원생활을 시작하셨는데 보기에 상상했던 것보다는 많이 부족하지만 그래도 상당히 만족해하시는 부모님을 보며 감사한 마음이 들었다. 그 뒤 2개월 후 따뜻한 봄이 오고 여름이 찾아오자 부모님께서 꾸며놓으신 모습이 그때 그 사진보다도 좋은 모습이었다. 현재는 뒤쪽에 있는 넓은 텃밭에서 각종 채소를 직접 재배해 주말이면 가족이 모여 직접 재배한 채소와 함께 바비큐 파티가 이루어진다.

원하는 것을 적고 그것을 이루었을 때 감사한 감동이 될 만한 문구를 적어놓고 잠재의식에 부탁해보자. 반드시 현실이 될 것이다.

왜 원하는 대로 안 돼

많은 사람들이 '왜 나는 원하는 대로 안 될까요? 뭔가를 잘못한 걸까요?'라며 반문한다.

원하는 대로 안 되었는지는 무엇을 통해서 알 수 있는가? 원하는 것이 있는데 오히려 반대로 되었다고 생각하는 내가 있을 뿐 그것은 결코 잘못되거나 반대로 된 것은 아니다.

잠재의식은 나의 생각을 뛰어넘는 커다란 능력이라는 사실을 믿어도 좋다.

스트레스 상황

운전 중 자동차가 끼어들 때, 경적을 울릴 때, 말을 함부로 하는 사람들을 만날 때, 남 험담을 밥 먹듯 하는 사람을 만날 때 사람들은 스트레스를 받는다. 그런데 그런 일이 있을 때 스트레스를 받아야 한다고 누가 알려준 걸까?

저자는 그런 일을 겪을 때 오히려 감사함이 느껴진다. 차가 끼어들었지만 사고가 나지 않았다면 그것에 감사하기 시작했고, 경적이 울리면 누가 위험한가 하며 주변을 둘러보고, 말을 함부로 하거나 험담하는 사람을 보면 '아, 나는 정말 성공하겠구나.' 하는 확신이 든다. 물론 저자도 한 번에 이것들이 된 것은 아니다. 원했기에 잠재의식에게 부탁을 했고 이내 불평불만보다는 감사한 일들이 훨씬 많은 감동의 삶을 살고 있다.

스트레스를 받으라고 아무도 알려주지 않았다. 내가 그렇다고 믿고 프로그램했을 뿐이다. 그렇다면 원하는 방향을 믿고 다시 프로그램하면 된다. 사람들은 좋아하는 것을 보고, 듣고, 느끼며, 자연스럽게 따라 하는 성향이 있다. 그렇다, 사람은 좋아하는 것, 존경하는 사람을 보고 따라 하고 배운다. 자신이 좋아하는 사람, 존경하는 사람을 주변에 늘리는 것도 좋은 방법이다.

아내와의 불화

신혼 초 아내와 여행을 가려고 준비를 하다 보면 마음이 상해서 출발하는 경우들이 참 많이 있었다. 놀러 가는 날 일찌감치 준비를 하고 밖에서 차에 시동을 걸고 기다리는데 내려오지를 않는다. 전화를 해서 다그치면 오히려 가지 않겠다고 역정을 한다. 울화통이 터지지만 잠시 진정하고 무슨 일이 있느냐고 물어본다. 그럼 아내는 '준비할 게 많은데 당신은 혼자 준비하여 나가버리고 정말 기분 나쁘다.'라는 이야기에 다시 집으로 들어가면 속상해하고 있다. 나는 준비하고 내려오면 바로 출발할 수 있도록 한 것인데 그것이 아내를 속상하게 한 것이다. 우리 부부뿐만 아니라 많은 커플들이 좋은 곳에 가기 위해 준비하던 중 많이들 싸우게 된다는 것을 알게 되었다. 무엇인가 좋아지려고 할 때 더욱 긍정적 감정이 풍부해지기 때문에 쉽게 상처도 받는다는 것이다.

모든 것은 나를 위해 일어난다. 사이가 좋아지고 싶을 때 불화가 일어난다. 그래야 사람을 얻을 수 있다. 좋아지고 싶다면 불편한 일이 일어난다. 즉 불편한 일들이 계속 있다면 당신이 원하는 대로 좋아지고 있는 것이다. 불편한 일들이라고 정의 내릴 필요가 없어진 것이다. 그저 좋아지는 과정이라고 생각하면 그것은 감사한 일일 테니까.

어린아이가 계속 칼을 가지고 놀려고 한다면 거절을 수없이 당해야 할 것이고 추후에 사용을 하더라도 베이거나 다치는 일이 일어난다. 그것은 칼을 쓰고 있다는 것을 뜻하고 요리를 할 수 있는 환경에 있다는 것을 뜻하는 것이다. 칼에 베이지 않기 위해서 칼을 쓰지 않는다면 어떻게 칼을 잘 쓰는 요리사가 되겠는가.

명상 이완으로 잠재의식 접속

잠재의식에 접속하는 다양한 방법 중 가장 효과적이라고 생각되는 것이 명상 이완이다.

가장 편안한 자세로 앉아 눈을 감고 온몸의 힘을 빼는 것이다. 머리 끝 정수리부터 천천히 이완해나가며 발끝까지 힘을 빼고 이완되고 있다고 믿는 것이다. 그리고 호흡에 집중을 하면 잠재의식이 알려주는 무의식적 생각들이 불쑥불쑥 떠오른다. 그럴 때 '아, 내가 이런 생각을 하는구나.' 하면서 자연스럽게 그저 바라보고 넘어가고 약 5분간 호흡에만 집중하는 것이다.

그리고 이내 잠잠해지면(처음에는 시간이 조금 걸릴 수 있음) 자신이 원하는 이미지를 생생하게 그려보는 것이다. 그것이 잠재의식에 접속된 상태로 원하는 이미지를 효과적으로 전송하는 방법이다. 특별하게 시간을 내서 하는 것도 좋지만 그것이 어렵다면 대중교통 이용 시나 누군가를 기다리면서 자연스럽게 해보는 것이 도움이 될 것이다. 시간은 5분~10분 정도로 그리 오래하지 않아도 좋다. 힘을 빼고 상상하는 습관이 들면 여러분의 삶도 얼마나 감동이고 큰 기적인지 금방 알게 될 것이다.

힘을 빼야 내시경도 들어가고 나온다.

꿈에 빠지다

저자는 꿈을 계속해서 기억하려 노력하고 때로는 자각몽(꿈속에서 꿈임을 알아차림)을 꾸려고 생각한다. 꿈속에서도 정말 즐거운 상상을 할 수 있고 수많은 아이디어도 얻을 수 있기 때문이다. 가끔 무서운 꿈을 꿀 때 특히 도망치려는데 다리가 안 떨어진다면 얼마나 답답하고 두려운가. 누구나 한 번쯤 경험해본 꿈일 것이다. 그런데 그것이 꿈이라는 사실을 알아차린다면 그것이 무서울까? 그렇지 않다. 그저 그 꿈이 재미있는 상상으로 변할 것이다. 현실에서도 마찬가지다. 스트레스에 빠져서 그것을 인지하지 못하면 내가 아닌 다른 나의 모습이 마음껏 내 삶을 갉아먹어도 인지하지 못할 수도 있다.

 ....

스트레스 상황에 처했을 때 힘을 빼고 꿈에서 그것을 알아차림과 동시에 편안해지듯 내가 이런 상황을 기분 나빠 했구나 하고 알아차리면 자기 자신이 원하는 방향으로 나아가며 그 상황 또한 즐길 수 있다.

내가 죄를 지어서

많은 사람들이 실수를 저지른 일에 의미를 두고 감정적 스트레스를 심하게 받고 있다는 사실을 알게 되었다. 그러는 가운데 일이 잘 안 풀리고 어려움을 겪게 된다면 이내 벌을 받는 것이라고 생각할 수 있다. 잘못은 인정할 줄 알아야 하고 용서를 구할 용기도 필요하다. 그리고 다시금 자신의 삶을 살 진짜 용기가 필요한 것이다.

자녀가 어릴 때에 사랑을 주지 못해 내 할 일을 하지 않고 자녀에게만 신경을 쓰게 되면 언젠가는 '내가 누구 때문에 이렇게 사는데.'라며 자녀에게 책임을 전가할 수 있다.

그러나 자녀들은 그 이야기를 들으면 '난 그렇게 해달라고 한 적 없어요.'라고 이야기할 것이다. 악순환의 고리를 끊는 것은 잘못한 것은 인정하고 바로 자신이 원하는 삶으로 전환해 자신의 삶을 살아가야 한다는 것이다.

죄책감은 나와 주변을 병들게 하는 특효약이다.

돈은 좋은 것일까 나쁜 것일까

'상상이 현실이 된다.'라고 하면 많은 사람들이 금전적인 생각을 안 할 수 없을 것이다. 돈은 삶을 윤택하게 하고 도움을 주는 것은 사실이지만 내가 없는 돈은 재앙일 수 있다. 내가 행복하기 위해 경제적으로 풍족해지는 상상을 하는 것은 얼마든지 좋다. 하지만 맹목적인 돈을 많이 모으는 것은 더욱 많은 결핍을 만들어낸다는 사실을 알아야 한다. 돈으로 안 되는 것이 있을 때 찾아오는 불편함이 나를 또다시 스트레스로 몰아넣는 것이다. 그렇기에 나의 행복과 함께 풍요로워지는 것을 상상한다면 그에 따른 행복한 풍요가 따라 올 것이다.

돈은 그지 숫자에 불괴히다.

꿈이 좌절되었다면

최근 내 강의를 듣고 연락을 주었던 최영호라는 한 학생에게 기적 같은 일이 일어났다는 이야기를 듣게 되었다.

학창시절 꿈꾸어 왔던 육군사관학교. 그러나 뜻하지 않은 사고로 신경계가 무너지면서 꿈은 좌절되었고 정상적인 삶을 살아가기 힘들어졌다. 그럼에도 삶을 포기할 수 없었던 그는 끊임없이 다시금 정상적으로 생활하는 자기 자신을 상상했다. 학창시절을 병원에서 보내면서도 멋지게 이겨내는 상상으로 잠재의식에 프로그램했고 대학에 입학해서도 저자의 특강을 듣고 다시 한 번 알게 된 잠재의식을 끌어올려 올 A+를 상상했고 원하던 올A+를 획득하게 되었다. 거짓말 같은 삶의 변화로 그는 모교에서 아이들을 위해 잘 성장한 선배로서 특강도 진행했으며 자신이 그렇게도 원하던 일을 하나하나 현실로 만들어가고 있다.

잠재의식은 내 내면이 좋아할 일을 더욱 잘 알고 있다.

잠재의식 사용 전

잠재의식을 믿거나 말거나 선택은 자유지만 자신이 원하는 일들이 현실이 된다는 말은 저자에게는 한 줄기 희망이었고 즐거움이었다. 물론 처음부터 착착 맞아떨어지지는 않았지만 5년간의 우여곡절을 즐기며 즐거운 생각의 끝에 만들어냈다. 그리고 지금 함께하는 강사님들 역시 기적을 경험하고 즐겁게 함께 하고 있다. 요즈음 느끼는 것은 '혼자보다는 여럿이 좋다.'라는 것이다. 이 책을 읽고 함께 경험하고자 하는 사람들이 늘어나 함께 즐거운 소통이 이루어지기를 기대해본다.

사과를 왜 사과라 하는지 묻는다면 그렇게 이름을 지어서 부르기로 약속했기 때문이고, 왜 그 이름을 선택했는지 물어본다면 나는 모르지만 그냥 사과라고 같이 알고 부르기에 의사소통이 용이하다. 사과가 맛있다는 말에 어떠한 것이 그 맛을 내는지 물어본다면 '나는 그냥 사과가 맛있어서 즐겨 먹고, 만들어준 자연에 감사할 뿐이다.'라고 대답할 것이다.

당신이 진정 원하는 것은 무엇인가

　살아가면서 꼭 받고 싶지 않은 선물과 꼭 받고 싶은 선물이 있다. 꼭 받고 싶지 않은 선물은 예를 들자면 이렇다.

◆ 몸짱이 되고 싶었지만 몸에 이상이 있다는 결과로 혼란스러웠다.
◆ 인정받는 사람이 되고 싶었지만 부모님조차 쉽게 인정해주지 않는다.
◆ 일을 잘하고 싶지만 항상 혼을 내는 상사와 함께여서 일할 맛이 나지 않는다.
◆ 투자받을 곳이 없어 어떠한 사업도 시작하기 쉽지 않았다.
◆ 학벌이 좋지 않기에 좋은 직장에서 일을 할 수 없었다.
◆ 배운 것이 많지 않기에 새로운 도전하기가 어려웠다.

꼭 받고 싶은 선물은 예를 들어 이렇다.

◆ 건강한 체질이었더라면…….
◆ 부모님이 항상 나를 응원해줬더라면…….
◆ 직장을 즐겁게 만들어주는 상사와 함께 했다면…….

◆ 주변에 나를 믿고 투자해 줄 만한 사람이 있다면······.

◆ 어릴 적에 공부를 더 열심히 해놓았더라면······.

◆ 계속 배우고 노력했더라면······.

필자의 경험담을 중심으로 이 선물을 이야기해보겠다.

건강한 체질

건강한 체질이었으면 얼마나 좋을까 하며 늘 불편하다는 생각과 건강한 체질을 가지고 있는 사람이 그저 부러웠다. 장염과 위염을 달고 살았던 터라 몸에 균형이 없는 것은 당연하며 음식을 조금만 잘못 먹어도 탈이 나서 고생을 했다. 그래서 음식을 조절하기 시작했고 맵고 짠 음식보다는 간이 덜 되어 있는 음식들과 과일을 주로 먹게 되었고 좋아하던 술, 면, 밀가루 등을 끊게 되었다. 탈이 안 나니 살 것 같았고 시간이 지나 아주 건강한 체질과 건강한 습관까지 가지게 되었다는 사실을 알게 되었다. 건강하지 않은 몸 덕분에 건강한 습관을 가지고 있는 사람이 된 것이다.

몸이 좋지 않았기 때문에 건강한 습관을 가지게 되었고 몸이 좋지 않았었기 때문에 같은 어려움을 가지고 있는 사람들에게 도움이 될 수 있다.

부모님의 응원

필자의 부모님은 항상 나를 어린아이처럼 대하는 것 같았다.

새로운 도전을 하면 응원보다는 '이제는 정착해야 하지 않겠니? 왜 힘든 일을 자처하니?' 하시며 걱정만 늘어난다. '공부해라, 겸손해라, 최선을 다해라. 어른이 얘기를 하면 예 하고 대답하는 법을 배워라.' 등 내가 하고 싶은 것이 무엇인지가 아닌 무엇을 해야만 하는지를 말씀하신다. 그래서 내가 내 삶에 물어본다. '넌 하고 싶은 것이 무엇이니?' 그렇게 알게 된 나는 하고 싶은 일에 집중하게 된다. 그렇게 하고 싶은 일이 생기니 공부가 즐겁다.

먼저 그 삶을 살았던 사람들을 만나니 자연스럽게 겸손해진다. 가슴 뛰는 목표가 점점 현실이 되는 것 같아 할 수 있는 한 최선을 다해 간다. 그리고 집안의 장손으로서 자부심이 느껴지고 아버지께서 하시는 말씀에 '예!'라는 대답이 저절로 나온다.

그렇게 내가 원하는 모습을 찾았더니 부모님의 말씀이 귀에 들어오고 이제는 부모님께서 "네가 자랑스럽구나."라며 문자를 보내주시고 응원을 아끼지 않으신다.

'치유 : 있는 그대로의 나를 사랑하라'의 저자 루이스 L. 헤이는 다음과 같이 말했다.

"세상에 올 때 행복과 성공을 위해 자신이 부모를 선택한다."

자신이 원하는 것을 묻지 않는 환경에 힘들어했다면 자기 자신에게 물어보자. 내가 진정 원하는 것이 무엇인지.

직장상사

정말 일을 하러 가고 싶지 않게 만드는 직장 상사가 있다. 아침부터 잔소리로 시작해서 끝날 때까지 잔소리에, 잘하면 당연한 것이고 못 하면 기다렸다는 듯 잔소리가 시작된다. 퇴근하면 그 상사를 안주 삼아 술을 마시고 다음 날은 속이 쓰려 일하는데 집중 못 하면 또다시 어김없는 잔소리가 시작된다. 지긋지긋하다. 나는 어떠한 상사의 모습일까를 생각해보니 이대로 있다가는 저 히스테리를 다 받고 나 역시 그런 상사가 될까 두렵다.

그리하여 우선은 회사 생활 즐기기를 선택한다. 상사만 아니면 사실 동료들과 화합도 잘되고 일도 익숙해지니 일을 하기에 큰 어려움은 없다. 따라서 회사 분위기를 좋게 하기 위해 노력했다. 유머도 배워보고 일을 즐기는 방법으로 아침마다 직원들과 게임도 하며 회사 생활을 즐기게 되었다. 그렇게 즐겁게 회사를 다닌 지 1년, 부서에 놀라운 실적이 나오기 시작하면서 자연스럽게 승진을 하게 된다. 책임감은 생겼지만 더욱 많은 직원이 생기니 또 다른 즐거운 아이디어들이 떠오른다. 상사가 바뀌기를 바라는 마음이었을 때는 늘 불편한 직장 생활이었다. 그러나 그 덕에 내가 회사를 즐기게 해주는 직장 상사가 되어 있고 즐거운 회사 생활을 하고 있는 나를 발견한다.

불편하게 만드는 직장 상사가 있다면 자기 자신은 어떻게 편하게 즐겁게 회사를 다니게 해주는 상사가 될 것인가를 찾을 수 있고 그것은 자신의 삶을 긍정적이고 행복한 쪽으로 옮겨 줄 것이다.

경제력

　부모님께서 경제적으로 지원을 아낌없이 해준다면 얼마나 좋을까? 무엇이든 원하는 것은 다 할 수 있었을 텐데. 있는 집의 자녀들이 참으로 부럽게 느껴진다. 초등학교 때부터 아르바이트로 용돈을 벌었고, 대학을 다닐 때까지 방학이면 늘 아르바이트를 해서 용돈을 벌어 썼다. 안 해본 일이 거의 없다. 신문 배달부터 유흥업소까지 할 수 있는 일은 다 해본 것 같다. 그렇게 나는 성인이 되었고 원하는 것을 찾았다. 사람들 앞에서 강의를 하는 것이다. 인지도 있는 강사가 되어 가면서 사람들이 "강사님은 정말 사례가 많으셔서 좋으시겠어요."라는 이야기를 자주 한다. 그리고 다시금 뒤를 돌아보며 이런 생각을 해본다.

　오히려 부족해서 채우려 했던 나의 삶이 지금의 나를 차고 넘치게 해주고 있다는 것을 부모님께서 부자였거나 특출나게 공부를 잘했더라면 일반적으로 평범하게 살아가는 사람들을 이해할 수 있었을까? 물론 이해를 못 하는 것은 아니지만 체험을 통해 경험한 사람과는 분명한 차이가 있을 것이라 생각한다. 그러므로 나는 이제 대한민국에 어려운 환경의 사람, 그리고 평범한 일상에서 벗어나고 싶은 사람들과 그 누구보다 소통이 잘되는 강사가 될 수 있다.

　모든 환경은 당신의 꿈을 이루기 위해 준비되어 있다.

배워야 하는 것

강사로서 배워야 하는 것이 너무나도 많았지만 나는 무엇을 배워야 할지도 잘 몰랐고 배울 기회도 별로 없었다. 그래서 TV에 나온 강사들, 인터넷에 유명한 강사들을 보고 따라 하는 것이 다였으며, 강의도 기승전결이 없이 그저 알고 있는 것을 전달하는 것이 다였다. 그때는 강사가 되는 방법인 A-Z까지 알려주는 곳이 없기도 했었던 것 같다. 지금은 강사 시장이 거대해지면서 강사가 되는 방법을 상세히 알려주는 곳도 종종 보인다.

그럼에도 나는 내 개성에 집중하게 되었다. 틀 안에 있는 강의가 아닌 내가 하고 싶은 이야기를 하고 싶은 소리를 내는 강의, 그래서 나만의 사례가 필요했고 그렇게 나는 나를 배워나갔다. 그렇게 시간이 흐르고 지금 주변 사람들은 이야기한다. 초보 강사 같은 느낌이 있지만, 사람들을 끌어당기는 강력한 무언가가 있다고.

나는 강의를 할 때면 가슴이 뛰고 행복하다. 그 열정이 감사하게도 전달이 되는 듯하다. '어떻게 해야 좋다.'라고 정형화되어 있는 것은 사람을 감동시키기 어렵다고 생각한다. 배우지 않았기에 시행착오는 있었지만 그로 인해 나는 나만의 강의를 만들어 낼 수 있었고 많은 사람들에게 꿈과 희망을 가질 수 있도록 활력을 심어줄 수 있었다.

내가 배워야 하는 것은 남들이 만들어 놓은 틀이 아닌 내 내면에서 하는 이야기이다.

이 페이지를 넘기면 당신이 가장 가지고 싶어 했던 것이 있을 것이다.

당신이 가장 소중하게 생각하는 것, 원하는 것은 바로 당신 안에 있습니다. 자신을 한번 들여다보세요. 이미 당신이 원하는 모든 것을 이루는 환경에 있다는 사실을 알게 될 것입니다.

③
상현노트

적기만 하면 현실이 되는 노트, 상상이 현실이 되는 노트가 상현노트이다. 상현노트를 쓰는 것은 간단하다. 작은 메모지, 수첩, 휴대폰의 메모 어플이든 상관없다. 수시로 적을 수 있는 환경이 된다면 가장 바람직하다. 상현노트는 다음의 방법대로 하면 된다.

◆ 원하는 것이 떠오르면 적을 것.
◆ 그것을 생생하게 생각하고 생활을 하면서 불편한 상황을 보면 감사일기를 바로바로 적을 것.
◆ 새로운 것이 또 떠오르면 전의 것은 이루어졌다고 믿고 다음으로 넘어간다.
◆ 불편한 상황이 오면 다시금 감사 일기를 적는다.(3~4일 혹은 일주일에 한 가지씩 원하는 것을 적고 감사일기는 매일 적는 것이 중요하다.)
◆ 1년간 50가지 이상의 원하는 목록이 적어져 있을 것이고 얼마나 이루어졌는지를 체크해보자.

삶을 행복하게 만드는 암시 글

하루를 즐겁게

나에게는 오늘도 틀림없이 좋은 일이 생긴다.
오늘 일어나는 모든 일들에게 배우며 나는 더욱 즐겁고 행복해진다.
나는 오늘도 즐거운 발상으로 사람들과 소통하고 사람들에게 새로운 활력을 찾아준다. 나는 오늘에 감사하고 행복하다. 내 인생은 점점 더 좋아지며 즐거워진다.

위기극복

지금의 위기로 인해 나는 잠재의식의 무한한 능력을 알게 되고 지금 상황은 나에게 최고의 기회를 제공한다. 나는 그것으로 더욱 감사하며 창의적이고 나의 상황에 더욱 멋진 환경과 연결이 되는 기적을 체험한다. 위기는 위험한 기회로 평범한 기회보다 더욱 큰 열매를 얻을 수 있음에 감사하고 행복하다.

풍요롭고 싶다면

나는 지금의 삶에 충분한 풍요를 누리고 있으며 앞으로도 더욱 풍요로워질 것이다. 나는 일하는 것에 대해 충분히 보상받으며 즐거운 나의 삶은 풍족함으로 더욱 감사가 넘친다. 풍요는 건강한 것이고 나와 주변 사람들까지 행복하게 해준다.

사랑

나는 사랑을 충분히 받는 사람이다. 나는 나를 사랑하고 내가 만나는 모든 사람들은 나를 사랑하고 나는 그것을 매일 느낄 수 있다. 나는 더욱 사랑을 받으며 아름다워지고 사랑받아 마땅한 사람이다.

감사

나는 오늘에 감사한다. 나는 나에게 일어나는 모든 것에 감사하며 감동한다. 나는 살아 있음에 감사하고 이 글을 볼 수 있고 들을 수 있고 만질 수 있음에 감사한다. 나는 나라는 존재 자체로 세상을 느낄 수 있음에 감사한다. 나는 나의 풍요에 성과에 가정에 모든 부분에 감사한다.

 ....

주의할 점: 암시 혹은 긍정적인 말들도 자신의 변화가 시작되면 그것을 방해하는 요소가 전보다 더욱 선명하게 보인다. 안 좋은 일들이 선명해 보이면 "거 봐, 이렇게 될 줄 알았어." 하며 잠재의식의 건강한 변화를 거부하는 패턴을 다시 만드는 경우를 자주 접하게 된다. 좋은 생각을 했지만 불편한 일들이 선명하게 보인다면 더욱 큰 기대를 해도 좋다. 당신의 삶이 긍정적이고 사랑스러운 행복한 방향으로 움직이기 시작했다는 확실한 증거이기 때문이다. 그렇기에 당신의 삶이 진정으로 행복해지기를 원한다면 환경이 아닌 미래의 기대를 더욱 크게 만들어야 한다.

2015년 기적의 NLP가 출간되었고 삶을 기적으로 살아간다는 것에 가슴 벅참을 느끼고 있었다. 그러면서 또 상상하기 시작했다. 걱정 안 하고 사는 것에서 안정적으로 살아가는 모습과 그때 '우리 집 계약이 끝나간다.'는 아내의 얘기를 들었다.

집 주인의 도움으로 보증금 없이 저렴한 월세로 지내던 터에 다행히 책이 출간되어 거의 빚을 갚았지만 정작 모아놓은 돈은 없었다. 그리 하여 나는 빌려 쓰던 강의장에 나가 아이디어를 생각했고 한국의 론다 번이 되고 싶다는 생각이 불현듯 들었고, 긍정의 힘으로 삶을 살아가 는 사람들을 찾기 시작했다. 하지만 어떻게 시작해야 할지 막막하여 명상을 하기 시작했다. 그리하여 인터넷에 접속해 파트너 강사를 구한 다는 곳들을 찾아 이메일을 보냈고 다시 20여 분간 명상을 하고 눈을 떠보니 부재중 전화와 더불어 문자가 하나 와 있었다.

'한국평생교육원의 유광선입니다. 시간 되시면 연락주세요.'

보고 깜짝 놀랐다. 그리고 마침 같은 지역에 계시다는 이야기를 듣 고 저녁에 미팅을 갖기로 했다. 막상 그분을 뵙고 그분의 말씀을 듣자 마치 천군만마를 얻은 듯했다.

긍정의 힘으로 실제로 성공적인 삶을 살아가시는 유광선 대표님은 대전에 우리 4식구가 살 수 있도록 집을 구해주셨고, 금전적으로도 걱정 없이 하고 싶은 일에 집중할 수 있는 환경을 만들어 주셨다. 또한 한국평생교육원에 있는 양질의 교육들 들으며 먼저 성장할 수 있는 기회를 주셨다.

그 교육을 받으며 매일매일 조금씩이라도 성장하고 있음을 느낄 수 있었고 현재는 전국을 돌아다니며 더욱 좋은 조건으로 활발하게 강의와 저자 특강을 하고 있다. 먼저 사람을 건강하게 성장시켜 주시고 잘하는 것들을 더 잘하게 해주는 사람을 만난 것이다.

내가 그날 아침 상상하고 명상을 할 때 소름끼치는 설렘을 느꼈거니와 현재도 글을 쓰며 가슴이 벅차오른다.

NLP를 배우고 뇌에 대해 공부를 하면서 원하는 것들을 생각하는 법을 배웠고 어떻게 하면 더욱 좋을까 하는 생각을 하기 시작하니 좋은 방법들이 점점 늘어갔고 그것들을 도와주는 사람들과 함께하고 있다. WILD 이펙트 저자이신 유광선 대표님은 말씀하신다.

'간절하게 원하고 상상하고 공부하고 선언하면 이룰 수 있다.'

다시 생각해도 감동이다.

긍정적으로 자신의 삶을 주도적으로 살아보고 싶은 사람, 어떤 것을 원하는지 충분하게 상상하고 그것으로 행복한 사람들이 있다면 한국평생교육원과 함께하며 꿈을 이루어 나가기를 기대한다.

나는 대전 어느 요양원에 들어와 책을 쓰고 있다. 아버지께서는 "정말 어디 아파서 간 거 아니지?"라며 걱정을 하시지만 몸이 아프거나 해서는 절대 아니다.

여기서 상상이 현실이 된 이야기를 통해 훨씬 나은 방법을 찾았고 내가 누구보다 사랑으로 사람을 감싸주고 싶은 사람이라는 감동이 찾아왔다. 그럼 어떻게 홀로 글을 쓸 공간을 찾을까를 생각하던 중 보나 베띠 공덕점(생활 NLP 전문가들의 아지트) 대표님께 말씀드리게 되었고, 바로 나날요양원 윤광준 회장님께 전화를 해주셨고 회장님은 흔쾌히 사용을 허락해 주셨다.

책을 쓰는 데 일부러 이런 장소를 구하려면 아마 자금의 압박도 있었을 것이고 구하는 데도 시간을 써야 했을 것이다. 또한 여기 대전이 아닌 서울 인근이었다면 아마 수많은 유혹으로 더욱 글을 쓰는 데 집중하기 어려웠을 것이다.

신경을 써주신 신규영 대표님과 윤광준 회장님께 다시 한 번 감사를 전하고 싶다.

타인을 바꾸려는 자 매일매일이 전쟁일 것이다.
자신을 바꾸려는 자 매일매일이 기적일 것이다.

강범구 강사님께

저는 강사님의 NLP 수업을 들었던 수강생입니다. NLP라는 분야를 처음 소개받았을 때 '뻔한 성공학 이론수업인가?' 하는 생각도 하게 되었습니다. 어쩌면 마음속에 따분함이라는 선입견의 벽을 세워 놓았었는지도 모르겠습니다. 하지만 수업을 듣는 동안 저도 모르게 빠져들었습니다. 재미도 있었지만 왠지 지레 겁먹었던 부분들을 '그럴 필요가 없었다.'라는 생각이 들면서 '나도 할 수 있을 것 같다.'라는 확신이 들었습니다.

저는 어린 시절부터 가능성이 낮은 일들은 아무리 하고 싶은 일일지라도 시간 낭비라고 생각했습니다. 강사님께 NLP를 배우고서 생활에 적용하면서부터 제 인생은 180도 변하게 되었음을 느꼈습니다. 몸에는 늘 활기로 가득 찼고 상상할 수 있는 모든 것들은 가능하다는 생각이 들었습니다. 그래서 전 원래 가지고 있던 꿈을 찾아야겠다고 생각했습니다.

생생하게 상상하고 그 상상을 이루기 귀해 구체적으로 해야 할 일들을 떠올렸고 그 해야 할 수백 가지의 일들을 아주 즐겁게 정리해 나가며 하나씩 이뤄 나갔습니다. 부정적이라는 단어는 이미 NLP를 생활 속에 적용하면서부터 지워버렸습니다. 좋지 않은 일들이 생겨도 좋았습니다. 이건 피드백이고 나를 성장시키는 과정이라고 생각했기에 더 힘이 났습니다. 회사를 그만두고 하고 싶은 걸 하겠다고 선언한 이후 처음에는 부모님께서 진심으로 걱정을 많이 하셨습니다. 수십 번의 회유도 있으셨지만 많이 변화된 제 모습을 보시더니 지금은 제게 이런 말씀을 하십니다.

'아들아! 너는 세상을 들었다 났다 하는 멋진 사람이 될 것 같구나! 그래다 잘될 거야!! 아들 믿는다.'

소중한 인연이 되어주셔서 정말 감사하고 늘 공경하고 섬기겠습니다.

항상 가슴 벅찬 행복 가득한 하루가 되시길 바랍니다.

좋은 자리에서 또 뵙길 상상합니다.

2014년 8월 1일 제자 이준오 올림

준오 코치를 만나면 이 친구가 하는 말들이 현실이 될 것이라는 소름끼치는 상상을 하게 된다. 정말 열정적이고 노력하는 친구다.

자신의 강의 준비는 물론이고 타인의 일 또한 잠을 안 자도 최선을 다해 도우며 아무것도 바라지 않는, 노력 자체를 즐기는 사람이다. 그럼에도 겸손하게 자기 스스로를 제자라고 하는 걸 보면 정말 감동이다. 나는 그저 먼저 배워서 알려주었을 뿐 생활에 잘 적용하고 활용하는 모습은 나를 더욱 노력하게 만든다. 우리 가족을 계속 섬기며 지금처럼 서로 아끼고 사랑하며 큰 미래를 만들어 갈 것이다.

From 강민희

대표님, 강민희입니다.

첫 만남에서 지금까지 약 5개월이 되었습니다. 그 시간 동안 우리는 많은 것을 이루었고, 많은 것을 상상하며, 더 큰 미래를 만들어가고 있네요. 상상을 현실로 만들자고 이야기한 것이 단 한 달밖에 되지 않았는데, 지금의 상현모임은 너무나도 거대하고 강력해졌습니다. 이 모든 것이 대표님의 상상이었음을. ^^

저는 올해 1월. 대학병원의 계약만료로 미래가 막연한 백조가 되어 히말라야를 다녀왔습니다. 말이 좋아 꿈을 찾는 여행이지, 결론은 아무것도 없었습니다. 용기와 도전정신, 끈기를 배워왔지만. 그러던 중, 대표님을 만나게 되었습니다. NLP라는 분야로, 처음에는 너무 생소했고, 그저 지인의 추천으로 듣게 되었습니다. 그 당시 같이 수업을 듣던 분께서 하시는 말이, 첫 수업만 듣고 안 나올 사람 같았다고, 그런데 두 번째 수업에도, 세 번째 수업에도, 결국 상현모임 이사진으로 제가 있는 걸 보고 놀랐다고.^^ 그 당시의 저는 의욕도 없고, 꿈도 없고, 하고 싶은 것도 없는 그저 무기력한 사람이었을 뿐이었습니다. 그러나 5개월이 지난 지금, 저는 하루하루가 즐겁고, 저에게 오는 위기와 아픔이 감사합니다. 어떻게 이렇게 변할 수 있을까요?

제가 얼마 전 god 콘서트에 다녀온 거 아시죠? 대표님께 엄청 들뜬 목소리로 자랑을 했었죠. 드디어 god 콘서트에 가게 되었다고, 태어나서 처음으로 가는 콘서트이며, 제가 god 콘서트를 가는 상상을 10년 넘게 해왔다는 것을, god에서 윤계상이 탈퇴하는 그 순간에도 저는 꼭 다시 5명으로 콘서트를 하게 될 것을 상상하고, 꼭 그 자리에 가겠다고, 그 상상이 결국. 마침내. 이루어졌습니다. 제가 god 콘서트에 가게 된 것이죠. 그것도 가장 앞자리로!! 이것 또한 상상이 현실로 이루어진 것이었습니다. 표를 구하는 과정에서 지인의 친구가 god 매니저라며, 원하는 자리를 구해주겠다고 제안받은 것이죠. 어떻게 이렇게 상상만 하면 모든 것이 이루어질 수 있는 건가요. 정말 꿈만 같은 하루하루를 보내고 있는 요즘입니다. 콘서트장에서 god가 그러더라고요. '매일매일 꿈꾸던 상상이 결국 현실이 되어서 지금 이 자리가 만들어졌다고.' ^^

저는 요즘 NLP를 배우며, 지난 일들이 모두 엄청난 사례들이었던 것을 하나하나 깨닫고 있습니다. 몸과 마음은 하나다. 뇌에 혹이 있다는 판정을 받고, 무서운 마음에 얼마나 울었던지, 그 당시 한창 일로 인해 스트레스받고 있어서 툭하면 쓰러지곤 했었죠. 신기한 건 정말, 요즘도 스트레스를 받거나 갑자기 혹 신경 쓸 일들이 생기면, 어지럽고, 쓰러지기도 하지만, 긍정적으로 생각하고, 스스로 마음을 다스리면 다시 괜찮아지는 것, 그리고 뇌에 있다던 혹도 보이지 않는다는 판결을 받았다는 것!, 정말. 마인드의 힘. 대단합니다!

요즘 저는 많은 것을 누리고 있습니다. 대통령직속 청년위원회 또래 멘토에 지원할 때만 해도 경험 쌓는 거라고 생각했지만, 면접을 보면서 '꼭 되고 싶다.'라고 상상하였습니다. 그러더니 결국! 저는 해내고 말았습니다. 합격! 어떻게 이런 일이! 정말, 선발된 사람들 중에서 제가 가장 경력도 없고, 이력도 없는 멘토이지만, 저는 자신합니다. 상상한 그대로 이루어지리라. 그리고 난 할 수 있다!라는 것을. 분명 더 성장되는 경험이 되리라는 것을. 저 이렇게 마음껏 누려도 되는 건가요?

대표님, 저는 요즘 상상을 하다가 소름이 돋는 경우가 많습니다. 이제 흐린 날씨가 좋아질 거라는 상상은 아주 기본이고요. 상상하면 모든 게 다 현실이 될 거라는 확신이 있기 때문에 상상조차도 실제 이루어진 것처럼 즐겁습니다. 얼마 전, 마트에 갔는데 종업원이 묻더라고요. 좋은 일 있으시냐고, 제 표정이 너무 좋아 보인다고. 저는 요즘 얼굴에서 미소가 떠나질 않는 것 같습니다. 모든 것들이 감사하고, 즐겁고, 재미있는데. 인상을 찌푸릴 이유가 없죠. 기분 좋아 보인다는 말, 즐거워 보인다는 말, 웃는 게 예쁘다는 말, 이러한 말들이 모두 너무 익숙하고 NLP의 힘으로 변화된 제 모습인거죠. 저는 앞으로가 너무 기대되고 좋습니다. 고난과 아픔조차도 즐거움이 될 것을 알기에.

지금 하고 있는 상상은 다이어트와 건강프로젝트입니다. 탄탄한 근육과 복근을 만든 제 모습을 상상하며, 내년 7월까지, 잡지모델과 cf모델, 스포츠웨어 모델 등, 화보촬영과 광고모델을 하고 있는 제 모습을 상상합니다. NLP 앵커링으로 식욕조절을 하여서 다이어트 약과 같은 보조도구의 도움 없이 건강하고 탄력 있는 몸매를 만들어서 제 상상대로 이룰 것입니다. 지켜봐 주세요. 내년에 더 많은 상상들을 이루어서 더 성장된 모습 보여드릴게요. 파이팅!

From 송성용

안녕하세요. 강범구 대표님!
머리가 아닌 가슴으로 살아가는 남자 송성용입니다.
우선 감사하단 말부터 드리고 싶습니다.
사람들은 누구나 꿈이 있습니다. 하지만 꿈을 위해 달려간다는 건 쉽지 않다는 걸 알고 있습니다. 저 또한 그렇고요.
꿈이 있는데 왜 망설이고 있는 거지? 아마도 지금 현재에 만족하거나 실패에 대한 두려움 때문일 수도 있다는 생각이 듭니다.

그런 생각들로 머릿속이 가득 차 있을 때 강범구 대표님 강의를 듣게 되었습니다.

강의 내용 중 "실패는 없다! 다만 피드백이 있을 뿐이다."

"선택할 수 있다는 것은 그렇지 못한 것보다 바람직하다."

이런 이야기를 듣고 머릿속으로만 생각하고 고민했던 일들이 떠올랐습니다. 그리고 해답을 찾았습니다.

도전하자! 실패는 없다! 다만 피드백이 있을 뿐이다!

저의 꿈인 국회의원이 되기 위한 첫걸음으로 청주시의원선거에 출마하게 되었습니다. 만32세 나이에~ 그것도 무소속후보로~

비록 낙선되었지만 선거를 통해서 정말 많은 것들을 배우고 느꼈습니다.

그날 강의를 듣지 않았다면 또 4년을 기다리고, 4년 후 또 고민했겠지요.

정말 실패는 없었습니다! 요즘 너무 행복합니다. 정말 내 꿈을 이루기 위해 도전했다는 것만으로도 즐겁습니다.

앞으로도 꿈을 위해 도전하는 많은 분들에게 좋은 강의 부탁드립니다.

희망을 주는 강의! 용기를 주는 강의!

다시 한 번 진심으로 감사드립니다.

 ....

송성용 코치님은 처음부터 남달랐다. NLP 트레이너로서 이 정도로 긍정적인 사람은 본 적이 없었다. 아니 느끼지 못했었다. 그런데 이분은 뭐지? 할 정도로 엄청난 긍정의 에너지를 가지고 있었다. 원래 도전적이고 열정이 넘치는 분이었지만 강의를 통해 더욱더 신나게 도전하신 거라 생각된다.

실패는 없다는 이야기를 하며 항상 최선의 노력을 다하고 다 같이 시작된 다이어트 프로젝트에도 누구보다 열심이다. 앞으로 정말 기대가 되고 강의도 너무 재미있게 잘하신다는 피드백이 계속 들려와 서로 시너지를 낼 수 있는 감사한 분이다.

강범구 대표님께

대표님께 처음 쓰는 편지이네요

무더운 날씨에는 더워죽겠네……. 추운 날씨에는 추워죽겠네. 이렇게 부정적으로 삶을 노래하듯 살아가고 있었네요.

다람쥐 쳇바퀴 일상처럼 매일 하루를 사명감이 아닌 습관처럼 살고 있었고요. 이런 삶을 짜증내며 항상 스트레스에 ,모든 걱정, 근심은 내가 짊어지고 하루살이처럼 살아가고 있는지도 모르겠습니다.

좋아지려고 공부를 하고 자격증 취득도 하고 여러 가지로 발버둥을 쳐봤지만 도와주는 사람도, 알려주는 사람도 하나 없었습니다. 그로부터 시간이 지나고 정말 감사하게도 우리 상현 가족과 NLP 과정 공부를 하게 되었습니다. 상상이 현실로 이루어지는 모든 일을 기적처럼 겪게 되고 더 놀라운 것은 내 꿈이 조금씩 이루어지고 있다는 것과 34년의 감정노예 속에서 조금씩 여유를 찾아 즐겁고 행복하다는 생각을 하게 된 것이 정말 많은 변화인 것 같습니다. 제가 NLP를 만나서 가장 많이 변화된 것을 첫 번째로 대표님께 이야기해드리고 싶었습니다.

또 하나의 상상, 다이어트 프로그램을 진행 중이죠? 저도 1년 후엔 정말 예쁜 몸짱이 될 수 있다고 상상합니다

평생을 기적의 상상으로 우리 임원진들과 멋진 인생을 그려 보고 싶네요.

저 또한 많이 노력하겠습니다.

저는 항상 아픈 마음을 소리 없이 삼키는 주부들과 성인 상대로 강의를 하고 싶었던 것 같습니다. 드림메이커 강사로 더 열심히 상상하며 모든 사람들의 꿈을 찾게 해주고 싶어요.

대표님…….

항상 함께해주셔서 감사합니다. 사랑합니다.

대한민국을 변화시킬 대표님과 함께 있음에 다시 한 번 감사를 드립니다.

드림메이커 이수진 드림

강범구 대표님께

8월의 더운 날씨에도 웃으며 글을 쓰고 있는 제 자신을 볼 수 있는 건 대표님과 저희 상현가족들 그리고 NLP를 만나고 나서부터였습니다. 아이디어를 원하면서도 아이디어를 한 곳에 방치해버리는 직장을 졸업하는 행동을 하는데 무려 3년이라는 시간이 필요했습니다. 이전에도 제 꿈을 찾아 짧게는 2주 그리고 한 달, 두 달, 발을 담갔다 직장을 그만두기도 했었지만, 지난 3년도 실패를 통해 새로운 길로 향할 수 있는 경험을 쌓았던 시간이었다 생각합니다.

저는 직장을 그만두면서부터 매번 생각했습니다. 사람들을 위해 일하고, 가족처럼 끈끈한 정으로 엮여 각자의 개성을 존중하고 서로 도움으로 발전하고 경제적으로도 풍요로운 직업을 찾자. 그리고 그 조직을 이끌어가는 유쾌하고 대범하고 나와 비슷한 성격의 대표를 만났으면 좋겠다.라는 생각. 물론 강사로 직업을 정해야지라는 막연한 생각은 가지고 있었지만 구체적이지는 않았습니다.

그렇게 직장을 졸업하고 정확하게 3달 뒤 NLP라는 내용을 처음 접하게 되었습니다. 저도 모르게 자석처럼 이끌려 수강신청을 하게 되었고, 그때 강범구 대표님을 처음 만나게 되었지요. 너무나 즐겁고 유익했습니다. 저도 동기부여 강사가 목표였기에 NLP는 저에게 정말 필요한 내용이었고, 제 삶에 있어서도 필요한 부분들이 너무나 많았습니다. 그런데 시간이 지나면서 신기한 일들이 하나 둘 벌어졌습니다. 먼저 집이 같은 방향이어서 수업이 끝나서도 대표님과 1~2시간 따로 대화할 시간이 있었고, 평소에도 집이 가까워 찾아뵙기가 쉬웠다는 점. 그러면서 대표님의 생각을 제 생각과 맞추어볼 수 있었고, 제가 찾던 사람이었다는 점이 놀라웠습니다. 요새 들어 진짜 깜짝깜짝 놀랍니다. 물론 저보다 대단하시죠. 대표 같지 않은 모습에서 나오는 카리스마. 꼴통의 갑. 동네 골목대장 캐릭터.

즐거운 대한민국을 만들고자 그리고 노숙자들을 교육시켜 새로운 인생을 살게 해주시겠다는 꿈을 저도 함께하고 싶었고, 서로의 꿈과 생각을 이야기하고 지내게 된 지 불과 4~5개월 만에 그 발판인 상상을 현실로 만드는 상현그룹이 탄생했습니다. 그리고 가족보다 가까운 12명의 임원진들이 옆에 있게 되었습니다. 정말 놀랍습니다.

앞으로도 더욱 멋지게 성장할 거라 믿어 의심치 않으며, 생각보다 짧은 시간 안에 제 상상 또한 현실로 될 거라 생각합니다.

가장 큰 변화 중 하나는 반년 정도의 시간 동안 가족관계가 너무 좋아졌다는 것입니다. 그동안 쌓아둔 안 좋은 감정들을 하나 둘씩 제거해 가면서 가족을 용서하고, 표현하면서 어머니의 대화중심으로 이야기 나누던 식탁 앞이 즐겁게 변한 지금을 보면 놀라울 따름입니다.

1,200km 자전거종주 여행을 갈 때도 자전거를 구입하기는 사정이 안 좋았고, 싼 걸 사자니 몸에 무리가 갈 것 같아 망설이던 중 300만 원 이상 되는 고가의 자전거를 빌려주신다는 분을 만날 수 있었습니다. 자전거 여행을 다녀와서는 앵커링을 통해 몸에 해로운 담배도 끊게 되었고요. 이제는 정말 큰일이 아닌 이상 외부의 영향을 받지 않고 제 일을 할 수 있게 되었다는 겁니다. 현재는 1년 후 몸짱이 된 저의 모습을 상상하며, 다이어트 프로그램을 진행 중에 있습니다. 임원진들의 멋진 몸을 통해 NLP를 알리고 어렵지 않게 상상으로도 멋진 몸을 만들 수 있다는 생각을 모두에게 알리고 싶은 취지와 저 또한 건강한 몸을 통해 1석 2조의 효과를 누릴 수 있기 때문에 즐겁게 다이어트 중에 있습니다.

앞으로 저의 계획이 있다면 즐거운 대한민국을 만들기 위해 청소년들과 함께 할 수 있는 대한민국 꼴통들의 대통령, 꼴통령이 되는 것이 목표입니다.

낙오되고 상처받는 아이들. 교육과, 놀이, 운동을 통해 사랑과 호기심이 넘치고 도전 정신 가득한 대한민국 청소년들이 될 수 있도록 도움을 주고 이들과 함께 발전하는 사람으로 남고 싶습니다.

현희 코치님은 정말 개구쟁이에 끼가 많아서 항상 주변 사람들을 웃게 만들고 개성 넘치는 표현과 행동으로 분위기 메이커 역할을 톡톡히 해주고 실제로 교육 참여도와 활용도가 뛰어나 매일매일 끊임없이 나를 다시금 돌아보게 하는 사람이다. 자신의 자존심은 내려놓고 할 수 있는 일에 정진하는 모습이 참으로 대단하다는 생각을 한다.

교육 중 '자신에게 앵커링을 해서 담배를 끊어보세요.'라는 말에 그날 가서 담배를 끊어낸다. 지금까지도 담배? 그게 뭐예요? 하며 너스레를 떤다. 현희 코치는 항상 미래의 자신의 큰 모습을 상상하고 과거에 상처받았던 청년시절의 모습이 지금은 오히려 수많은 청소년들에게 큰 희망과 목표를 심어줄 수 있는 힘이라며 감사하고 행복한 하루하루라 표현한다. 그리고 자신의 청소년 시기 꼴통생활의 기억을 되돌려 그들의 대통령, 꼴통령이 되겠다는 포부를 늘 밝힌다. 같이 있기만 해도 에너지 넘치는 모습에 덩달아 시너지가 나게 하는 사람이다.

행복한 성공을 만드는 '300'의 힘
100권, 100곳, 100명으로 일궈내는 와일드한 성공!

진짜 나의 본성을 발견하는 힘
와일드 이펙트

유광선 지음 | 304페이지 | 신국판 | 값 15,000

가슴 뛰는 삶의 주인이 되는 생각법!

이 책의 저자는 자신이 찾은 행복한 인생의 비밀을 WILD라는 단어에 담아냈다. WILD는 Want, Imagine, Learn, Declare의 앞 글자를 조합한 것으로 WANT: 내가 하고 싶은 일을 원하고 좇는 삶, 가슴이 뛰는 삶, IMAGINE: 목표가 이루어졌을 때를 상상하는 즐거움, LEARN: 배움의 자세, DECLARE: 꿈을 이루기 위해 빠른 시일 내에 실현 가능한 단계적 목표를 세워 실천의 족쇄로서의 선언이다. 저자가 제시하는 실제 사례들과 제안들처럼 WILD하게 살다 보면 인생을 주도적으로 개척해 나가는 방법을 터득하게 될 것이며 일상을 소중하게 생각하고 내가 가진 것에 감사해하고 있는 자신을 발견하게 될 것이다.

삶과 생각과 행동이
일치하고자 하는 사람들
평생 명강사

유광선 외 공저
320페이지
신국판 올컬러
값 25,000원

평생 명강사는 평생교육을 통해 탄생한다!

혼자서는 빨리 갈 수 있지만 함께하면 더 멀리 갈 수 있다고 했다. 정신적 가난과 물질적 가난을 극복하는 유일한 길은 평생교육을 통한 자기계발일 것이다. 본서는 한국평생교육원에서 기획한 '평생 명강사 제1집'으로 공저자 25인의 진솔한 이야기를 가감 없이 게재하였다. 본서의 공저자들은 한국평생교육원에서 국제코치연합과 함께하는 가치를 공유하며 평생 명강사(삶과 행동과 말이 일치하고자 하는 강사) 및 프로 코치로 활약하고 있는 사람들이다. 이들은 숨 가쁘게 달려온 삶, 질곡의 세월, 혹은 희로애락의 기나긴 여정과 더불어 정신적·물질적 가난을 극복하기 위한 유일한 길은 평생교육을 통한 자기계발이라 믿으며, 세상을 좀 더 긍정적이고 아름답게 변화시키기 위해 최선을 다하고 있다.

MEMO